Suivi et coordination éditoriale : Pierre-Yves Chupin
—
Conception graphique et mise en page : Georges Riu
—
Prépresse et fabrication : Glénat Production
—
Crédits photos : Archives Bernard Loiseau : couverture, 5, 14, 16, 18, 20, 22, 23, 24, 25, 26, 27, 28-29, 31, 32, 33, 35, 36, 37, 38, 39, 41, 48, 49, 50-51, 54, 55 ; 60, 64, 66, 71, 80 ; Gérard Bedeau : 46-47 ; Boulat : 44 ; J.-P. Calvet : 34 (bas) ; Matthieu Cellard : 82-83 ; G. Chauenton : 37 ; Chevallier : 59 ; Corbis : 56 ; Christophe Fouquin : 101 ; Grillot : 78 ; Owen Franken : 34 (haut) ; Gala : 12 ; Jacques Lang : 72 ; B. Preschesmisky / ateliers Apicius : 76 ; François Roboth : 30 ; Jean-Noël de Soye : 68-69 ; Sygma : 40 ; Télé 7 Jours : 42 ; Jonathan Thévenet : 10, 70, 85, 86, 87, 89, 90, 92, 93, 94-95, 96, 97, 98, 100, 102, 104, 105, 106, 107, 108, 109, 110, 111, 112, 113, 117, 119, 121, 123, 126, 127, 129, 131, 133, 135, 137, 139, 141, 146-147, 149, 151, 153, 155, 157, 160, 161, 163, 165, 170, 171, 173, 176, 177, 179, 182, 183, 185, 187, 191, 196, 197, 200-201, 204, 205, 207, 210, 211, 214, 215 ; Emmanuel Valentin : 81
—

Couvent Sainte-Cécile
37, rue Servan – 38000 Grenoble
www.glenat.com
contact@glenat.com

ISBN : 978-2-344-06975-2 / 001
Dépôt légal : octobre 2025
—
Achevé d'imprimer en Italie en septembre 2025 par L.E.G.O. S.p.A., sur papier provenant de forêts gérées de manière durable.

MAISON

BERNARD LOISEAU

le goût, le goût, le goût !

SOMMAIRE

—

—

PRÉFACE

Je suis très émue par la parution de cet ouvrage, plus de cinquante ans après l'arrivée du jeune Bernard Loiseau à Saulieu.

Au fil des années, Bernard est apparu comme un cuisinier de génie, avant-gardiste, animé d'une passion obsessionnelle pour son métier, mais aussi pour ses étoiles. Grâce à lui, la gastronomie française s'est épurée et recentrée sur le produit. Il a aussi ouvert la voie à toute une génération de chefs qui lui doivent encore beaucoup aujourd'hui. C'est Bernard qui a toujours mis les producteurs et les artisans sur le devant de la scène. Locavore avant l'heure...

En arrivant dans cette ancienne auberge, déjà mythique, Bernard a tout de suite eu une vision pour *La Côte d'Or*, au cœur du Morvan, mais sur l'un des axes les plus fréquentés de France. Elle est aujourd'hui l'un des plus beaux Relais & Châteaux de France.

Il a développé des valeurs d'excellence, d'authenticité, d'ancrage et d'innovation qui lui ont survécu. Et surtout son style de cuisine : des goûts très francs, des sauces remarquables, et toujours le produit au cœur. Ces valeurs, intemporelles et transgénérationnelles, sont celles de la gastronomie française.

En 2003, lors du drame, il était hors de question pour moi de décrocher son nom de la façade du restaurant. Pour lui, pour ses enfants, pour ses équipes, pour ses clients.

Près de vingt ans après avoir réussi, non seulement à sauver mais surtout à développer la maison, je suis heureuse de voir la nouvelle génération qui prend la relève et entame sa renaissance et son développement. Mes filles, d'abord, et, au « Relais Bernard Loiseau » le couple Louis-Philippe et Lucile Vigilant qui restituent l'héritage de Bernard Loiseau dans l'assiette. Ils ont notamment la chance de compter sur des figures qui ont travaillé avec Bernard.

Aujourd'hui, les valeurs de Bernard sont toujours là, plus vivaces que jamais !

Dominique Loiseau

Sur cette photo réunissant Bernard Loiseau et Philippe Labro, ce dernier a écrit : «Pour Bernard, mon ami de toujours ». Philippe Labro était un habitué de Saulieu. Dominique et Bernard Loiseau tenaient à le recevoir avec des égards à la hauteur de son indéfectible amitié.

BERNARD LOISEAU
PAR PHILIPPE LABRO

Nous sommes arrivés un soir à *La Côte d'Or*, nous remontions de vacances dans le Sud, curieux de découvrir Saulieu et ce personnage mythique, Bernard Loiseau, que je ne connaissais pas encore. Nous nous sommes donc arrêtés avec la sensation immédiate de pénétrer dans un univers très particulier. Celui d'un homme passionné et passionnant.
Le contact fut immédiat et, comme il arrive souvent avec des personnalités aussi conviviales et sympathiques qu'était Bernard, il n'a pas fallu beaucoup de temps pour que Françoise et moi tombions amoureux de l'homme, sa femme, son territoire.

Ce qui me frappa le plus, dès qu'il nous proposa la table d'Alexandre Dumaine, c'était sa dévotion à l'endroit, à l'héritage, au passé, à la tradition, avec, néanmoins, son évidente pulsion d'efficacité et de modernité.
Lorsque cet homme traversait la salle ou les salons de son établissement, il semblait qu'une sorte de lumière le précédait ou le suivait. Comme la trace d'une fusée ou d'un feu d'artifice, à ceci près qu'il n'y a jamais rien eu d'artificiel chez lui. Bien au contraire : j'ai rarement rencontré un être aussi direct, naturel, spontané, ne jouant jamais la comédie, toujours désireux d'établir des rapports d'amitié, de complicité, d'une force et d'une joie de vivre qui étaient contagieuses.

Je ne suis pas un grand spécialiste de l'art culinaire, mais Françoise et moi avons toujours aimé les artisans, aimé le terroir, [illegible]

Bernard Loiseau, jeune chef installé à son compte dans la salle à manger historique de la célèbre *Côte d'Or*, ou enfant au sourire déjà prometteur.

La Nationale 6 qui reliait Paris à Menton a toujours été célèbre pour ses haltes gastronomiques, notamment à Joigny Mâcon, Vienne, Valence et, bien entendu, Saulieu.

par une obsession de l'excellence, au point d'apparaître comme une sorte de monomaniaque. *La Côte d'Or* devint bientôt un rendez-vous fréquent. Bien entendu, nous y venions, avec ou sans les enfants, non pas seulement pour son art subtil de la cuisine mais aussi pour l'esprit qui entourait son travail, son entourage, et la présence efficace de sa formidable épouse, Dominique.

—

Devenu responsable des programmes de RTL, j'ai très rapidement souhaité associer Bernard à notre antenne. Il avait, en effet, toutes les qualités requises pour un rendez-vous hebdomadaire radio : le goût de la parole, le sens de la communication, la joie de pouvoir décrire tel ou tel plat, qu'il fût « salé ou sucré » puisque c'est ainsi que nous avions intitulé sa prestation. Il faut dire que, très rapidement, la salle de rédaction de RTL tout entière s'est prise d'amitié et d'admiration pour ce bourreau de travail, ce volubile et souriant très « Grand Chef ». Je ne peux m'empêcher de citer Bernard Poirette qui aura été une des grandes voix de RTL, et dont je me souviens qu'il attendait le « sucré salé » de Bernard avec impatience et curiosité. Lui aussi se prit d'amitié pour Bernard.

Il se trouve que, consécutivement à mon départ de RTL, j'avais entamé, avec Nagui, une série d'entretiens pour la télévision intitulée « Ombre & Lumière ». En l'espace de quelques années, nous avons rencontré et interrogé des écrivains, hommes politiques, artistes, personnalités en tout genre. Je me souviens particulièrement du « Ombre & Lumière » de Bernard, aux environs de 2001. Une révélation. Sa télégénie crève l'écran. Il porte une chemise bleue, une belle cravate et une veste couleur poil de chameau et, pendant 25 minutes, le chef le plus connu des Français (90 % des gens savent qui il est), va se livrer avec une sincérité, presque une candeur, le contraire absolu de la langue de bois. Comme s'il avait besoin de raconter sa vie, ses échecs, ses réussites :
« Mon père m'a fait un beau cadeau quand il a vite compris que je n'étais pas très doué à l'école et m'a dirigé vers ce qu'il appelait du concret. Tu vas faire de la cuisine ! Je me suis tout de suite pris au jeu, j'ai fait des stages chez les frères Troisgros, à 17 ans, et d'ores et déjà, dans ma tête, j'avais un objectif : les étoiles. Les trois étoiles. »
Il continue, il raconte comment son service militaire lui a appris les règles du commandement, du management, comment, en tant que brigadier-chef, il aimait faire la cuisine pour les enfants de troupe plutôt que pour les gradés. Mais comme il était encore jeune, et un peu « fou », il fait un peu trop la fête et, un jour, s'endort au volant. Quatre tonneaux. L'hôpital, mais une leçon : « Pense à l'entreprise et aux autres. » Selon lui, les autres, c'est-à-dire l'ancien personnel de *La Côte d'Or* qu'il avait repris, n'étaient pas en phase avec sa philosophie d'évolution, sa perpétuation de la tradition, certes, mais avec modernité et

Bernard Saulieu, désormais maître des lieux, devant la façade de *La Côte d'Or*. De nombreux travaux ont été depuis entrepris, mais la façade a gardé le charme intact de ses ouvertures et de ses généreux massifs de fleurs.

inventions. Toujours au cours de l'émission, il détaille, avec un bonheur d'enfant, sa fameuse recette de grenouilles. Le persil, la purée d'ail, le croustillant et le moelleux. Il explique aussi, bien sûr, à quel point être présent à Saulieu, être au contact des clients, cela compte, avec cette belle formule : « La gueule du chef est dans l'addition. » Il a 50 ans. Il dit qu'il n'a jamais été aussi bon et qu'il ne se voit pas vieillir. Il a fini par obtenir ses trois étoiles et désormais, pour lui, l'important c'est de durer. Je lui demande s'il a le trac, chaque soir, avant le grand rendez-vous du dîner, et il répond qu'il l'a, effectivement. Il l'a beaucoup plus que les serveurs. Les aléas de sa vie privée, son premier mariage au cours duquel « il a vu le brouillard », c'était difficile mais instructif. Il a eu la chance extraordinaire de trouver un ange gardien, Dominique, qui sera son soutien moral et son efficace collaboratrice.
Ses propos sont francs, honnêtes, lumineux.

Il y avait du soleil chez cet homme, avec son talent inouï pour le verbe et la communication. Il disait : « Je dois mettre du soleil dans l'assiette. » L'apparente certitude, la « niaque », le « taquet » dissimulaient un doute permanent, une inquiétude. On ne s'en rendait pas toujours compte parce que Bernard affichait un sourire gagnant, la certitude du corps et d'un visage typiquement français. Dense, costaud, il avait l'air d'un roc. Tout allait bien et, néanmoins, rien n'allait, puisque le doute s'emparait souvent de lui, ce que, malheureusement, je n'ai pas toujours su déceler. Car voilà un homme au sujet duquel de grands spécialistes américains publiaient des livres, qui était devenu une star aussi bien à la radio qu'à la télévision, dont sa *Côte d'Or* était en permanence sollicitée et fréquentée par des visiteurs venus de tous les bords. Eh bien, malgré cette réussite, cette renommée internationale, Bernard, mon ami, avait beau clamer qu'il était heureux et qu'il dormait du sommeil du juste, il a fallu je ne sais quelle mauvaise critique ou vicieuse allusion à une possible perte de son étoile pour que le doute l'envahisse, comme à l'époque des avatars de son premier mariage.
Nous aurions tous dû mieux comprendre ce passé, ces traces, mais il masquait ses angoisses par sa générosité et sa sagesse, son sourire, ses bras ouverts, avant de nous donner une massive accolade.

—

C'est ainsi que, un dimanche, alors que ma famille et moi quittions *La Côte d'Or*, au moment de régler la facture, une des hôtesses me dit : « Non, non, tout ça, c'est le chef qui vous l'offre. » J'apprends même qu'il a fait faire le plein d'essence pour ma voiture, et qu'il en a réglé la note.
Je proteste, je demande à voir Bernard. Il arrive, je l'admoneste et il me dit, dans son irremplaçable sourire : « Philippe, on n'emportera rien. »
C'était donc cela, sa philosophie. Il utilisait une autre jolie expression :

Dominique et Bernard en famille avec leurs trois enfants, Bérangère, Bastien et Blanche. Avec des prénoms qui, divine surprise, commencent tous par la même lettre que celle du prénom de leur père…

« La dernière chemise n'a pas de poche. » Cette formule « On n'emportera rien », aura été la base d'une grande partie d'un de mes derniers ouvrages, *J'irais nager dans plus de rivières*. La leçon de Loiseau m'a servi de leçon.
L'intelligence utile, le fruit de ses expériences, bonnes et mauvaises, avaient donné à Bernard la certitude que tout est éphémère. Il le disait si souvent que nous aurions dû y voir un signe. Nous sommes quelques-uns à avoir éclaté en sanglots quand nous avons appris qu'il avait cédé à la pression du doute de soi, à la peur de perdre une étoile, à un terrible coup au moral, et mis fin à ses jours.

—

Je me souviens m'être rué à Saulieu pour parler avec Dominique, dont j'ai admiré et continué d'admirer la résistance. J'ai été impressionné par son calme, sa détermination, et sa volonté de maintenir *La Côte d'Or*. Elle a su faire face à des lendemains difficiles et les a surmontés au point de consolider et affermir le prestige et la réussite d'une aventure exceptionnelle. Sa personnalité et le soutien de ses enfants, qui ont pris le relais, appartiennent à l'histoire de Saulieu. C'est une saga, une légende.

—

Il y aura donc cinquante ans, un jeune homme reprenait la cuisine d'un ancien relais de poste. C'était un parfait inconnu. Il est devenu une icône, une référence, un pivot dans l'histoire de la cuisine française. Sa famille et ses fidèles, Dominique, Bérangère, Blanche, Bastien, toutes et tous, savent perpétuer le génie de Bernard. Je leur en suis profondément reconnaissant.
La grande figure de cet oiseau qui chante encore au-dessus de nos têtes n'a pas disparu. Demandez donc à une autre légende, le chef Guy Savoy. Il ne se passe pas un jour sans lequel, m'a-t-il dit, il ne pense à son ancien camarade.
« On riait ensemble, dit-il, on savait qu'on avait fait les bons choix. On était frères d'armes. » Bernard, raconte Guy, « c'est un point fixe, le mètre étalon de la vraie cuisine : moderne et traditionnelle, la quintessence d'un certain esprit français ».

Je le revois encore, alors que nous quittons la ville. Dans le rétroviseur, il y a cette silhouette solide, dans son tablier blanc. Il ne cesse pas de sourire.

Philippe Labro

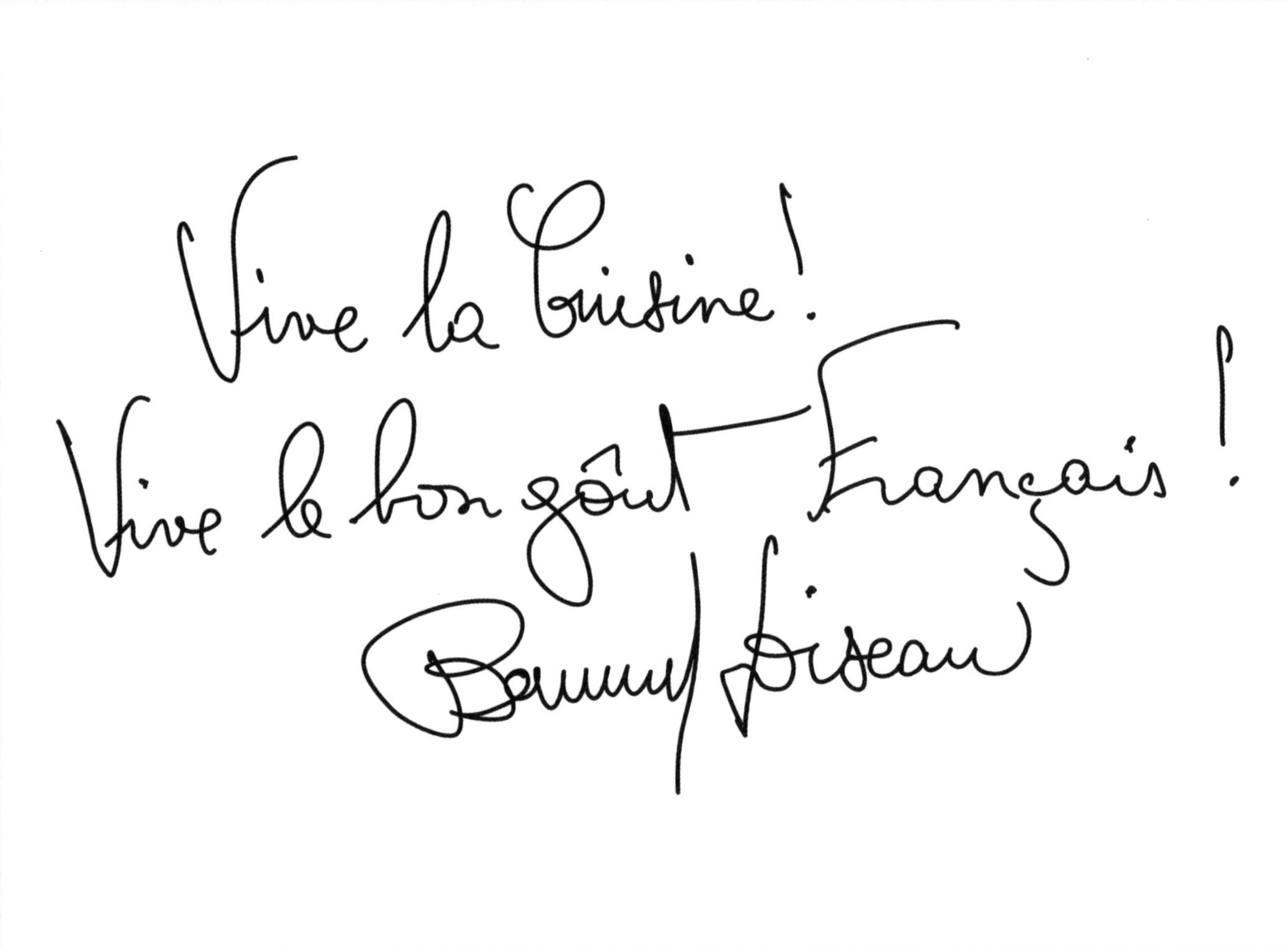
Vive la Cuisine!
Vive le bon goût Français!
Bernard Loiseau

Bernard Loiseau était réputé pour ses citations qu'il aimait notamment partager autant avec les clients qu'avec le personnel de l'établissement.

Dans les cuisines, Bernard Loiseau, formateur reconnu, entouré de toute sa brigade.
De nombreux chefs aiment aujourd'hui rappeler leur affiliation avec le maître de Saulieu.

Bernard Loiseau aimait accueillir les artistes dans son établissement, Alain Delon ou Catherine Deneuve notamment.

Bernard Loiseau avec Paul Bocuse.
Les deux partageaient une même faconde et un même sens de l'humour.

SAULIEU - HOTEL DE LA COTE-D'OR

Carte Gastronomique

Bernard Loiseau
Le refuge de votre
Salle à manger,
La charmante
courtoisie de votre
accueil,
La grâce de votre
cuisine;
valent tous les
tours et les détours
Merci
A Bientôt
Jeanne Moreau
le 1er juin 1978

Le 31 Mai 1978

Foie gras frais de Canard
aux Petits Légumes

Salade de Homard
au Cerfeuil

Chariot de Desserts

Chablis les Vaillons 75

Bernard Loiseau aimait faire signer le menu
à ses hôtes artistes, comme ici le 31 mai 1978
Jeanne Moreau, ou le 9 décembre 1980
Léo Ferré.

HIS LILIA TUEBIMUR ARMIS
HOTEL DE LA COTE D'OR
21210 SAULIEU
Tél. (80) 64.07.66
64.11.99

19/12/80

Bernard, ce que vous avez préparé, à gauche, c'est la preuve que la Cuisine est un ART, parfois, comme la Musique

Je vous remercie...

Peut être, à bientôt, qui sait?

Bon appétit, et bon vent... sur les voiliers de la gueule!

Léo Ferré

Les St Jacques à la Purée de Persil

La soupe d'ECREVISSES au beurre d'ortie

La Salade de pigeon à l'huile de Noix

Le pigeonneau fermier, Rôti dans son jus

La tarte légère et chaude aux pommes.

VIN

Santenay "clos des TAVANNES" 1977

PRIX TOUTES TAXES COMPRISES - SERVICE EN SUPPLÉMENT 15 %

GUIDE
HACHETTE
FRANCE
1984

Saulieu devient vite un lieu de réjouissances. Bernard Loiseau fête ici la sortie du guide Hachette 1984 en compagnie de Jean-Luc Lagardère – propriétaire du guide –, Pierre Troisgros, Guy Savoy et Bernard Pivot.

Bernard Loiseau aimait accueillir lui-même
les clients ou hôtes à l'entrée de *La Côte d'Or*.

Moment de tendre amitié avec ses amis restaurateurs Paul Bocuse et Pierre Troisgros.

Bernard Loiseau déguste un plat mythique
de la carte, la terrine de homard aux légumes.
En fait, un pressé de légumes, sans liant,
au naturel et marié au homard.

Cuisine et salle réunies dans le jardin en 2000,
avec Dominique et Bernard Loiseau.

Le produit, qu'il soit breton comme ces deux homards bleus, ou local comme les champignons récoltés par le chef dans la forêt morvandelle, a droit à tous les égards en cuisine.

Repas familial, Bernard et Dominique
entourés de leurs trois enfants.

Les trois étoiles au guide Michelin ont compté dans la vie de Bernard Loiseau. Il aimait mettre en scène cette récompense comme la partager avec ses proches ou ses équipes.

Bernard appréciait la reconnaissance des politiques, François Mitterrand, habitué de *La Côte d'Or*, ou Jacques Chirac. Les deux présidents étaient certainement sensibles au rayonnement français auquel le chef contribuait.

Sur la route des vacances vers la Côte d'Azur, la nationale 6 permettait de faire halte parmi les adresses les plus prestigieuses de France, et notamment à Saulieu et sa *Côte d'Or*.

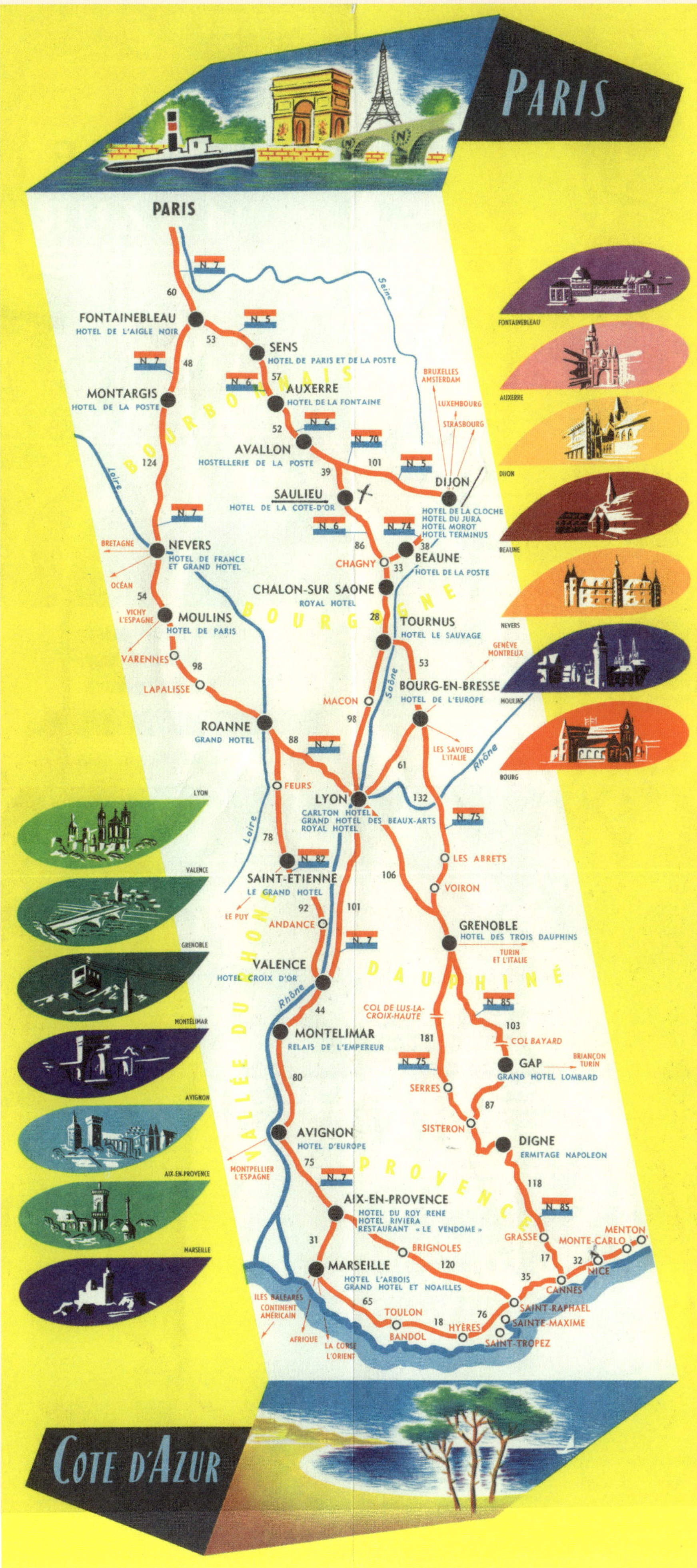
PARIS
PARIS
N 7
60
FONTAINEBLEAU
HOTEL DE L'AIGLE NOIR
53
N 5
SENS
HOTEL DE PARIS ET DE LA POSTE
N 7
48
57
N 6
AUXERRE
HOTEL DE LA FONTAINE
MONTARGIS
HOTEL DE LA POSTE
BOURBONNAIS
52
N 6
AVALLON
HOSTELLERIE DE LA POSTE
N 70
N 5
101
39
124
Loire
Seine
BRUXELLES
AMSTERDAM
LUXEMBOURG
STRASBOURG
DIJON
HOTEL DE LA CLOCHE
HOTEL DU JURA
HOTEL MOROT
HOTEL TERMINUS
SAULIEU
HOTEL DE LA COTE-D'OR
N 7
N 6
N 74
86
38
BRETAGNE
NEVERS
HOTEL DE FRANCE
ET GRAND HOTEL
OCÉAN
CHAGNY
BEAUNE
HOTEL DE LA POSTE
33
CHALON-SUR SAONE
ROYAL HOTEL
54
VICHY
L'ESPAGNE
MOULINS
HOTEL DE PARIS
BOURGOGNE
28
TOURNUS
HOTEL LE SAUVAGE
VARENNES
98
53
GENÈVE
MONTREUX
LAPALISSE
BOURG-EN-BRESSE
HOTEL DE L'EUROPE
MACON
Saône
98
ROANNE
GRAND HOTEL
88
N 7
LES SAVOIES
L'ITALIE
Rhône
61
FEURS
LYON
CARLTON HOTEL
GRAND HOTEL DES BEAUX-ARTS
ROYAL HOTEL
132
N 75
78
N 82
LES ABRETS
106
SAINT-ETIENNE
LE GRAND HOTEL
VOIRON
92
101
LE PUY
ANDANCE
GRENOBLE
HOTEL DES TROIS DAUPHINS
N 7
TURIN
ET L'ITALIE
VALENCE
HOTEL CROIX D'OR
DAUPHINÉ
Rhône
44
COL DE LUS-LA-CROIX-HAUTE
N 85
103
MONTELIMAR
RELAIS DE L'EMPEREUR
181
COL BAYARD
N 75
GAP
GRAND HOTEL LOMBARD
BRIANÇON
TURIN
80
SERRES
87
SISTERON
AVIGNON
HOTEL D'EUROPE
DIGNE
ERMITAGE NAPOLEON
VALLÉE DU RHONE
75
MONTPELLIER
L'ESPAGNE
N 7
PROVENCE
118
AIX-EN-PROVENCE
HOTEL DU ROY RENE
HOTEL RIVIERA
RESTAURANT « LE VENDOME »
N 85
GRASSE
MENTON
MONTE-CARLO
31
BRIGNOLES
17
32
NICE
MARSEILLE
HOTEL L'ARBOIS
GRAND HOTEL ET NOAILLES
120
35
CANNES
ILES BALEARES
CONTINENT AMÉRICAIN
65
SAINT-RAPHAEL
TOULON
18
76
SAINTE-MAXIME
AFRIQUE
LA CORSE
L'ORIENT
BANDOL
HYÈRES
SAINT-TROPEZ
FONTAINEBLEAU
AUXERRE
DIJON
BEAUNE
NEVERS
MOULINS
BOURG
LYON
VALENCE
GRENOBLE
MONTÉLIMAR
AVIGNON
AIX-EN-PROVENCE
MARSEILLE
COTE D'AZUR

En juillet 1991, quelques mois après l'obtention de la troisième étoile, la Bande à Loiseau se retrouve autour du chef récompensé : Guy Savoy, Jacques Chibois, Marc Veyrat, Olivier Roellinger, Antoine Westermann, Marc Haeberlin, Alain Passard, Joël Robuchon, Bernard Loiseau et Michel Bras (de gauche à droite et de haut en bas).

En 1980, Bernard Loiseau sur le taureau sculpté par l'artiste François Pompon (1885-1933), originaire de Saulieu.

«BERNARD, C'EST LA PURETÉ MÊME.» GUY SAVOY

Ils ont suivi un même apprentissage jusqu'à devenir les meilleurs amis au monde. « Pas un jour sans que nous ne nous appelions », précise Guy. Il raconte son ami et le rêve de tout repas à Saulieu.

« Je rentre en apprentissage le 1er avril 1970 chez Troisgros alors que Bernard Loiseau y entame sa troisième année. Une proximité bien réelle : nous n'avons alors qu'un seul jour de repos quand les cours ont lieu le jeudi après-midi entre les services du déjeuner et du dîner. Je le revois fascinant, se présentant toujours de la même façon : "Bernard Loiseau, 1 m 80, 80 kg et 1er apprenti chez Troisgros." Deux ans seulement nous séparent, mais il a déjà fière allure, ses chaussures bien entretenues et fidèle à l'Eau Sauvage qui le suit partout. Nous passons une année ensemble, riche d'anecdotes et de partages, c'est aussi un redoutable joueur de pétanque. Voilà un personnage que quiconque a d'emblée envie de suivre.

Il gagne vite sa notoriété en rejoignant *La Barrière de Clichy*. Je garde le contact et je me souviens du jour où je l'ai retrouvé à l'*Auberge du Lion d'Or* à Cologny. Il vient pour une interview à la Radio suisse romande, passe en cuisine alors que je suis en train de vider des poulets et ose devant tout le monde : "Tu ne vas pas passer ta vie à vider le cul des poulets." Quelques années plus tard, en 1976, Claude Verger, originaire lui aussi de Bourgoin-Jallieu, me propose de faire l'ouverture de la nouvelle *Barrière de Clichy* déménageant au 1 rue de Paris.

Pas un jour sans que nous ne nous appelions. Il m'encourage quand, de mon côté, je l'invite à une certaine modération. Nous avons des échanges sur les mignardises, d'accord pour les remplacer car trop surannées. Ou bien nous faisons le point sur les articles de presse récemment parus. Quelques jours avant le drame, nous mettons au point un menu Troisgros/Loiseau avec soupe de moules au safran et poularde Alexandre Dumaine. Le même jour, il trouve que les poutres de la salle à manger ne vont plus, pas assez imposantes. Tant de choses nous rapprochent : notre parcours, nos origines modestes et notre passion pour la cuisine du produit enseignée chez les Troisgros. Il garde cet enthousiasme qui le caractérise tant et le rend accessible, populaire. Bernard, c'est la pureté, une loyauté à toute épreuve vis-à-vis de ses maîtres d'apprentissage comme une détermination à faire les choses le plus authentiquement et simplement possible. Je pense que l'indéfectible fidélité à ses principes explique pourquoi il a du mal à saisir les nouvelles tendances culinaires. Comme la voie empruntée à une époque par Ferran Adrià. J'ai beau lui répéter que ces nouvelles approches enrichissent le propos gastronomique... il fait juste corps avec le style de cuisine qu'il défend. Sa seule motivation, la recherche de la gourmandise. On ne peut le lui reprocher.

Selon Bernard, "un plat de légumes doit sentir le jardin". Chez lui, on se régale, on ne conceptualise jamais, on ne se pose pas de question. Sa cuisine à l'eau consiste juste à sublimer les sucs de cuisson. Des idées, il n'en manque pas. Il fait disposer des coquilles d'huîtres sur les rails pour récupérer une fois le train passé la poudre qui nourrira ses poules avec, à la clé, des œufs de compétition. À l'époque des cèpes, Gino a charge d'arpenter bois et forêts, cueille les plus beaux spécimens, tout en m'en gardant pour les emporter à Paris. Il m'arrive encore de rêver d'un repas chez lui qui débuterait bien évidemment par les grenouilles, ensuite viendraient le sandre, la poularde et un plat de petits pois que le même Gino savait cueillir encore bébés.

On ne pouvait déceler la fragilité que cache ce personnage haut en couleur. Il n'a peut-être pas su assez dire non durant sa carrière pour se protéger. Tout en sachant qu'il se sentait si souvent incompris... Reconnaissons que l'hiver n'est pas toujours joyeux dans le Morvan. Il se plaint certains jours "de ne même pas pouvoir apercevoir la pompe à essence installée de l'autre côté de la route". Et pourtant j'avoue me régaler de séjours chez lui lorsque la neige couvre les paysages et que dans l'âtre flambent de grosses bûches. À partir de Pâques, il retrouve le moral, la maison pleine, les clients toujours plus nombreux. Je l'invite à fermer la boutique en hiver mais Bocuse, lui, est ouvert toute l'année...

Mon plaisir consiste à lui rendre visite le dimanche. Après un déjeuner léger, je m'organise pour prendre la route et arriver à l'heure du thé à Saulieu. Il y a ce cake dont je garde un souvenir ému. J'aime surtout assister au départ des clients du déjeuner, tous aussi enthousiastes que joyeux. Pour me réjouir du dîner qui m'attend. En repartant le lundi matin, je savoure indéfectiblement cette "parenthèse enchantée".

N'oublions pas l'essentiel, il a créé dans sa maison un bien-être qui ne s'explique pas, de ceux qui uniquement se ressentent et se vivent. Avec Hubert en salle, Alfred le chauffeur, Patrick en cuisine et Dominique à l'accueil. Toute une équipe soudée autour de lui, fidèle jusqu'au bout. En cuisine, tous collent à son image : "À ce niveau, ce n'est plus de la technique, c'est une empreinte."
Cela fait vingt-deux ans qu'il est parti, et parfois je songe à tout ce que nous aurions pu entreprendre ensemble. Comme ce projet de reprendre le restaurant de Jean Ducloux à Tournus. Heureusement Louis-Philippe est là et je sais qu'il va continuer à défendre le plus bel héritage de Bernard, la gourmandise.

N'oublions pas l'essentiel, il a créé dans sa maison un bien-être qui ne s'explique pas, de ceux qui uniquement se ressentent et se vivent.

BERNARD LOISEAU
LE CUISINIER

La cuisine de Bernard Loiseau a l'apparence de la simplicité, elle en a aussi le génie. Elle trouve son inspiration dans le Morvan. La destination évoque à la fois rudesse et rondeur. Elle est la source et la matrice de la cuisine de Bernard Loiseau, d'hier et d'aujourd'hui, que le fil des saisons ne rompt jamais. En hiver, elle est une retraite, en automne, elle s'embrase comme les forêts canadiennes, les lacs deviennent miroirs de ciels rougeoyants et l'été, elle est une fête, l'odeur des foins embaume les chemins et les charolaises exhibent des fesses rebondies comme des pêches ivres de lumière.

Quelle que soit la saison, la température monte dans la cuisine de *La Côte d'Or*, au fur et à mesure que les fourneaux s'emballent, au point qu'il faut retirer le pull-over hivernal. La température monte comme avant chaque service. La tension palpable dans les regards, l'accélération des mouvements et les petits gestes nerveux, que tout un chacun dans la brigade exprime à sa manière, dans l'attente du premier bon. Sur le fourneau, des jambonnettes de grenouilles rissolent dans la graisse en fusion. Les cuisses des batraciens se noient dans une mousse à grosses bulles dorées. Le bord du sautoir est gondolé. Chacune des courbes du liseré pourrait raconter une histoire : celle de milliers de coups de feu dans la cuisine de *La Côte d'Or*. Le cuivre est lacéré par la répétition des gestes, les entrechocs et les lavages. Il a des allures de vieux parchemin dont les lettres de l'alphabet sont les cicatrices du temps et du hasard. Il n'y aura jamais de Champollion pour décrypter ces hiéroglyphes-là. Et pourtant, tout est là. Il n'y a qu'à observer ce sautoir tournoyer sur le fourneau brûlant ; suivre la main du cuisinier qui empoigne la queue pour guider le mouvement des cuisses de grenouilles dans la tempête du beurre et de la graisse de canard ; écouter le crépitement que seules les oreilles averties sont capables de percevoir.

Bernard Loiseau entouré de sa brigade
dans les cuisines de Saulieu.

—

Il y a les souvenirs qui s'étiolent et les plats qui ne vieillissent jamais. La cuisine de Bernard Loiseau est de cette trempe-là.

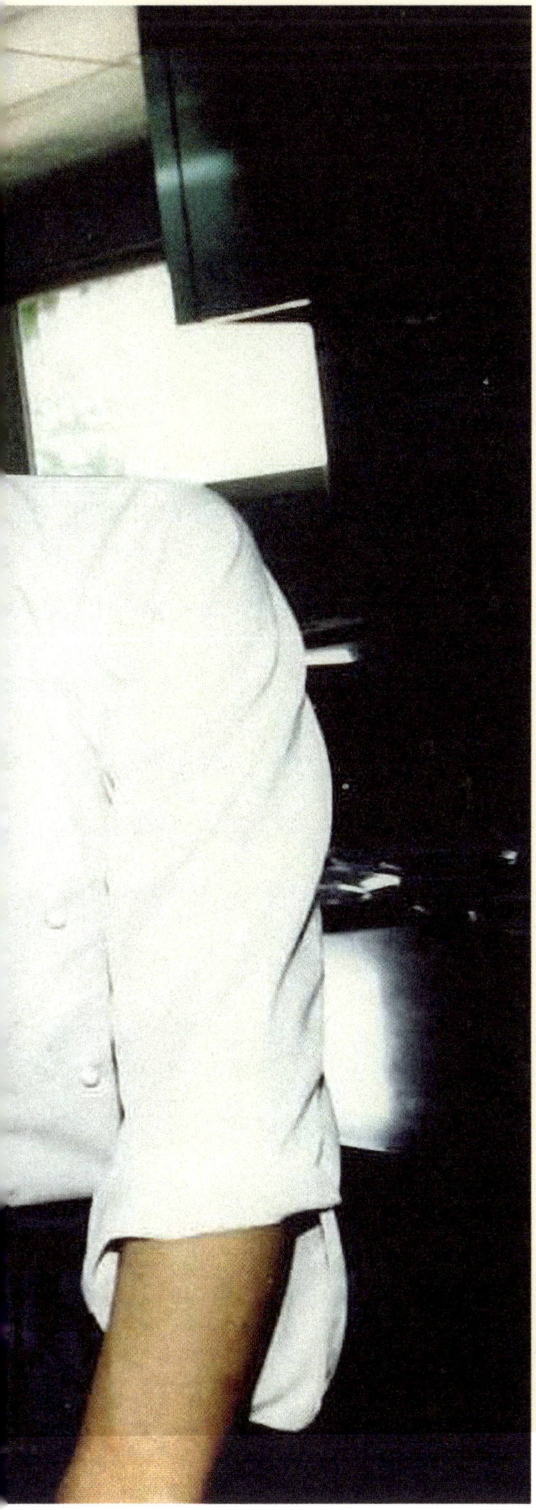

La cuisine est la somme des répétitions et des émotions dont le sautoir est le théâtre. Il passe de main en main, dans la brigade. Il a vu celles de Bernard Loiseau, puis de Patrick Bertron, et voit celles de Louis-Philippe Vigilant. Le sautoir incarne le temps long, la transmission et la cuisine inusable – celle qui galope par-dessus les modes, ces caprices fugaces de l'époque. Le sautoir est la pierre d'une cathédrale. Un jour, il aura fait son temps et il faudra peut-être le changer. Qui sait ? Il n'est pas encore l'heure. Celui-ci a vu l'arrivée des trois étoiles à Saulieu, et il en verra d'autres, des étoiles, des jambonnettes de grenouilles et tous les plats qu'il reste à inventer.

La création est comme le temps, elle est sans fin et structurée par l'histoire qui la précède. Il y a les souvenirs qui s'étiolent et les plats qui ne vieillissent jamais. La cuisine de Bernard Loiseau est de cette trempe-là. Ses jambonnettes de grenouilles sont un monument que le temps qui court en cuisine et en salle n'altère pas. Pourquoi cette insolente durabilité ? Nul besoin d'une thèse de troisième cycle pour élucider le mystère. La dégustation avec les yeux, précédant celle avec la bouche, apporte la réponse, pour peu qu'on laisse les sens – et seuls les sens – gouverner.

Le portrait d'Alexandre Dumaine siège toujours dans l'ancienne salle à manger de *La Côte d'Or*. Né en Bourgogne à Digoin, il parcourt le monde avant de s'installer en 1922 à Saulieu jusqu'à faire de son établissement une adresse incontournable sur la route vers la Côte d'Azur. À six heures de voiture de Paris à l'époque, il accueille de nombreuses célébrités ou têtes couronnées, Guitry, Mistinguett, Maurice Chevalier, Georges Carpentier, Dali ou le roi Alphonse XIII notamment.

Bernard Loiseau entouré de deux autres pairs de la gastronomie française, voire internationale, le Poitevin Joël Robuchon et le Lyonnais Paul Bocuse.

Bernard Loiseau dans le jardin du *Relais Bernard Loiseau* avec, dans le fond, la salle à manger. Il tenait beaucoup à ce que le restaurant soit une ambassade des spécialités du Morvan. Il avait créé les journées gourmandes à Saulieu, grand-messe annuelle des producteurs locaux.

Dans l'édition du guide Michelin 1991, à la page consacrée à Saulieu, en haut de colonne, avec la froideur d'une information brute, les auteurs rédigent en quatre lignes et demie un événement d'une portée planétaire (au regard des retombées dans les journaux de l'époque, du *Figaro* au *New York Times*). Le texte commence par les trois macarons, suivis de l'énoncé de quatre plats au premier rang desquels les jambonnettes de grenouilles. Ces trois étoiles, Bernard Loiseau en a rêvé toute sa vie d'adulte, depuis les premiers jours d'apprentissage chez les Troisgros. Leur quête a été le carburant de son odyssée de *La Barrière de Clichy* à *La Côte d'Or*, de Paris à Saulieu, de la capitale bruyante et frivole au Morvan taiseux qui ne s'en laisse pas conter. Bernard Loiseau décochait cette phrase qui régalait les journalistes : « Tous les jours je mets mes chaussettes et je me dis : trois étoiles. » La trivialité de la formule masque bien des facettes. Qui a pris le temps de regarder derrière ce paravent ?

Le convive ne passe jamais une tête en cuisine sauf s'il y est invité. Le spectacle de la brigade en feu le fascinera. Mais que retiendra-t-il des bruits de casseroles, des ordres jetés à la volée, des plats qui filent vers la salle à la vitesse de l'éclair, des visages perlés de sueur, concentrés sur le geste à accomplir ? La cuisine est un monde ouvert et fermé, d'une insondable complexité dans le chemin à parcourir depuis la germination d'une idée jusqu'à l'apparition du plat devant les yeux extasiés du convive qui le découvre quand la cloche est retirée. C'est encore plus vrai chez Bernard Loiseau. Des trois étoiles qui ont illuminé le ciel de Saulieu le 4 mars 1991, beaucoup a été écrit et raconté, depuis l'épique chevauchement des éléphants dans la cour de l'*Auberge du pont de Collonges* jusqu'à la parodie de discours improvisée de Paul Bocuse. Mais l'essentiel a-t-il été dit ?

onetary poli-
notivated but
opening bor-
nvestment.

nking'

ed it is time
ia's Finance
h said in an
ebastian Ed-
st at the Uni-
Los Angeles,
s no turning

, has caught
is selling its
sses. Peru is
lowering tar-
its decades-
Thailand kept

people who live in the developing world could enjoy a better standard of living. The changes could also provide a wealth of opportunities to businesses

Continued on Page C3, Column 1

the world, but their lives have taught them that change is costly. Most wondered whether the United States could afford a high-stakes gamble on

Continued on Page A7, Column 1

stant pain, but until recently she was unable to get disability benefits, because her symptoms did not fit the Government's definition of AIDS.

Like a growing number of HIV-positive women and drug users around the

dized housing a
But that de
largely based
ness in gay me
afflicted with t
women and int
who often deve
— have to work
for help in cop
say advocates f

'On the

Now, under n
groups as disp
Medical Associ
AIDS Coalition
centers' officia
definition of AI
add about 140,0
Americans rep
current definiti
But both the c
say their defi
solely as a tool
— and many do

Continued o

So Much More Than Food to a Chef's Dream

By STEVEN GREENHOUSE

Special to The New York Times

SAULIEU, France — In the United States boys may dream of becoming astronauts or the next Michael Jordan. In this land of truffles, terrines and 300 types of cheese, many boys dream of becoming three-star chefs.

Bernard Loiseau, who as a teen-ager hung pictures of famous chefs on his wall, has finally had his dream come true. In March, the Michelin Guide consecrated his Côte d'Or restaurant here with a third star.

Mr. Loiseau, who is 40 years old, says half-jokingly that the main reason he is so bald is that he has pushed himself so mercilessly to earn his third star. Along the way, he invested $5 million of borrowed money to turn his restaurant, 150 miles south of Paris, into an epicure's palace.

"As long as I worry, I will be good, but it's not easy to live this way," said Mr. Loiseau, who says he works 365 days a year and has not taken a vacation in 16 years.

The Chef as Builder

His efforts are part of a trend in which promising chefs become builder-entrepreneurs because they have learned that good cooking alone is not enough to merit a third star. Mr. Loiseau invested in a resplendent dining room, luxurious guestrooms and a gleaming, oversized kitchen to make his guests — and Michelin's inspectors — swoon. Now he hopes to begin recouping his investment.

"What you put in the plate will not, by itself, earn you a third star," said Mr. Loiseau, a talkative, husky man who has a smile for every customer. "You have to have magnificent decor, magnificent floral arrangements, magnificent guest rooms."

The third star came none too soon. Mr. Loiseau was spiraling deeper into debt as he forever tried to make his restaurant more perfect. Now he hopes to increase his revenues by 50 percent

Continued on Page C2, Column 1

Guillaume Atger/Editing for The New York Times

Bernard Loiseau, right, supervising lunch preparation at Côte d'Or.

ica:
eality

. WREN
Times

a, July 7 —
l Congress
first national
frica in three
new confi-
etermination
he white-mi-
nment at the
ble.
t refuses to
the congress
ve days from
n movement
used political
pragmatism
with the Gov-

adership in-
munists, who
the congress
may make it
ge from the
kills of some

on Mandela,
ent, signaled
n the power
ck organiza-
people from

ost of whom
ited the ora-
engaged in a
xchange of

articipatory
h the old au-

Column 3

INSIDE

Pigeo
As F

NEW YORK,
like many city
hate relationship
Some bring ba
their favorite pa
or spend thousa
fancy racing bre
Others, if the
thing, make sure
They insist, agai
dence, that pige
bers of the order
Whatever one
geons, few peopl
animals. Yet o
voted birdwatch
that is what pi
They are being fo
laws of nature,
more than simpl
it out with a sta
hunk of a frankfu
Increasingly,
use of the pestic

La Côte d'Or fait l'actualité du *New York Times* lorsque l'établissement se voit récompensé en 1991 d'une troisième étoile au guide Michelin.

REVUE DE PRESSE

BERNARD LOISEAU : LE « MOZART DES FOURNEAUX ! »

La troisième étoile de la « Côte-d'Or » de Saulieu a déchaîné les plumes de la presse française. Petit tour d'horizon d'hommages savoureux.

Du jour où a été connue la nouvelle de la troisième étoile du « Michelin » à Bernard Loiseau, les médias se sont déchaînés : le chef de la « Côte-d'Or » a suffisamment fait connaître son rire et ses « saveurs » à la gent journalistique pour qu'une telle accession au sommet constitue un événement médiatique. L'interessé a reçu, en trois jours, des appels de tous les continents, de toutes les revues et émissions de télévision spécialisées, et tout Saulieu se frotte les mains à la perspective de ces nuitées garanties, de ces touristes assurés, de ces journalistes en mal de régionalisme qui ne vont pas manquer d'envahir la ville de Ponpon au fil des prochains mois.

L'Oscar de la mise en plat !

On ne sait à quoi comparer cette troisième étoile : à lire nos confrères, heureux ou irrités peu importe, cette entrée dans la cour des « dix-neuf grands » ressamble à une sorte de Nobel cullinaire, d'Académie française de la soupe, d'Oscar de la mise en plat, de Goncourt de la saveur. Sur cinq colonnes en dernière page du *Figaro*, Michel Piot pousse un immense soupir de soulagement : « *Loiseau, enfin !...* » s'exclame-t-il en rappelant qu'il avait été l'un des premiers à le baptiser le *Mozart des fourneaux*, et reprochant au fameux Guide Michelin d'avoir tant attendu : « *Pour nous, son talent lui donnait raison, même si sa fameuse cuisine à l'eau, dont tout le monde n'eut pas l'intelligence de comprendre l'aspect positif, la légèreté, le refus des sauces lourdes, l'exaltation des saveurs, lui valait quelques moqueries. Qu'importe, Loiseau continuait son chemin...* ».

Dans *Libération*, la fête est historique : une page pour le cuisinier sédélocien. « *Michelin : Loiseau au troisième ciel* » titre-t-il sans peur avant de se lancer dans un parallèle entre la table de Dumaine en 1951 et celle de Loiseau en 1991. Et de raconter, comme on raconte l'enfance d'un pape ou celle d'un chef d'État, l'enfance mythique du héros, né effectivement en 1951 (!) et que son bonnetier de père plaça un jour comme commis de cuisine chez Troisgros... Nul doute qu'est écrit là le scénario d'un futur film de Jean-Paul Rappeneau ou de Bertrand Blier. Et puis, il y *Le Monde* et son incontournable Courtine, qui, lui, ne voue pas un culte au chef de Saulieu, par fidélité justement à l'esprit de Dumaine.

L'eau à la bouche...

« *En effet*, persifle-t-il dès le début, *si l'on compte cette année un "trois étoiles" de plus, cela peut passer pour purement médiatique* ». Et de s'expliquer, tout de même : « *Le "Côte-d'Or", de Saulieu, a pour chef patron, depuis plusieurs annees, un grand cuisinier, Bernard Loiseau. Sa cuisine n'est pas meilleure cette année (on ne saurait faire mieux), mais le cadre, grâce à de coûteux travaux, est magnifique. La troisième étoile, l'an dernier, eût couronné le cuisinier; cette année, elle semble féliciter l'architecte !* ».

Bernard Loiseau : la consécration à 40 ans !

On ne compte plus, non plus, les logorrhées des radios, les tirades des téléastes, et les fournées d' « envoyés spéciaux » qui ont multiplié les flashes sur Saulieu, sa « Côte-d'Or » et son chef. Il faut dire que Bernard Loiseau, à cette occasion, a confirmé quel extraordinaire comédien il est ; ses mimiques et ses gestes mettant à eux seuls l'eau à la bouche des auditeurs et téléspectateurs.

Et voila comment un restaurant a pu, une semaine durant, remplacer la guerre du Golfe à la « une » de l'actualité.

Michel HUVET. ■

La revue de presse des *Dépêches* datée du 11 mars 1991 relate les nombreux éloges parus dans la presse française, soulignant le triomphe de Bernard Loiseau.

Bernard Loiseau (les jambes croisées) dans les cuisines du restaurant *Troisgros* à Roanne où il a fait son apprentissage. Il y fait la rencontre de Guy Savoy (à la gauche de Bernard Loiseau), autre apprenti qui deviendra un indéfectible ami.

Pour fêter la troisième étoile en 1991, rendez-vous est donné chez Paul Bocuse à Collonges-en-Mont-d'Or qui, très proche de la famille Edelstein propriétaire des cirques Pinder, osa faire grimper son ami Bernard Loiseau sur un éléphant. Sous le regard amusé de Pierre Troisgros. Vingt ans après, en 2011, rendez-vous sera à nouveau donné chez Monsieur Paul pour célébrer deux décennies de trois étoiles au guide Michelin.

PAUL BOCUSE
PINDER
PINDER

Blanche Loiseau dans les bras de son papa.

—

Le chef de Saulieu ne se fixait aucune limite tant que le voyage proposé à ses clients empruntait les sentiers du goût, le vrai, le bon, le juste.

Blanche Loiseau est la cadette de la famille. Elle est née quatre ans avant l'an 2000. De la cuisine de *La Côte d'Or*, elle n'a longtemps conservé que des souvenirs d'enfant douée pour la gourmandise. Bérangère, la sœur aînée, raconte qu'elle s'empressait d'arriver à la table du petit déjeuner avant la tornade Blanche. La jeune enfant raffolait comme son père de vrais repas matinaux et ses tartines nanties d'une épaisse couche d'époisses embaumaient la cuisine familiale, au grand dam de Bérangère. « Je poussais la gourmandise jusqu'à les faire toaster, vous imaginez l'odeur ! » avoue sa sœur cadette.

Des années plus tard, sur les bancs de l'école hôtelière, alors que Blanche se destine à devenir cheffe comme son père – elle n'en a jamais douté –, elle va découvrir, ou plutôt prendre conscience que Bernard Loiseau fut un avant-gardiste en cuisine. « Après quand j'allais au restaurant, je retrouvais les marqueurs de la cuisine de mon père » : le lien avec les producteurs, ce que l'on nomme aujourd'hui par un bien vilain mot – le locavorisme –, les cuissons courtes, les saveurs lisibles et puissantes, le goût qui ne se perd pas dans un dédale d'intentions, la légèreté et le caractère des sauces, les déglaçages à l'eau, la célébration du végétal, les desserts moins sucrés, etc.

La cuisine de Bernard Loiseau interroge sur les frontières de la modernité. Où commence-t-elle ? Où s'arrête-t-elle ? Le chef de Saulieu ne se fixait aucune limite tant que le voyage proposé à ses clients empruntait les sentiers du goût, le vrai, le bon, le juste ; le goût qui s'inscrit dans le temps, qui des semaines plus tard, hante encore la mémoire et qui à sa seule évocation, renvoie le mangeur à la source de son plaisir ; le goût qui vous attrape par la fourchette, et dont aucune distraction ne peut vous détourner. Le goût, le goût... le goût, maintes fois martelé dans les cuisines de *La Côte d'Or* ; répété dès qu'un micro était tendu ; pour ne jamais l'oublier, ne serait-ce que pour satisfaire une quelconque fantaisie passagère.

Louis-Philippe Vigilant redresse les épaules, donnant plus d'ampleur à son uniforme blanc, il s'approche du piano, fait valser le sautoir avec de la douceur, une onctuosité calibrée du geste, pour achever la cuisson des jambonnettes. Le chef tourne sur lui-même, par habitude des économies de pas. Le sautoir passe du fourneau au plan de travail, le contenu est vidé dans une écumoire tapissée d'un papier absorbant. Les doigts prennent le relais. Des ciseaux dans une main, une jambonnette dans l'autre, le petit os qui dépasse de la chair de la grenouille est coupé. C'est la partie la plus facile.

Les jambonnettes sont dressées dans une assiette blanche comme les heures du cadran d'une horloge. Il n'y a pas d'aiguille qui tourne. Le mouvement de l'assiette est apporté par le choc des couleurs, entre le blanc écru de la crème d'ail et le vert bouteille du jus de persil, qui semble irradié d'un faisceau lumineux imaginaire. La simplicité de la présentation, son évidence flatteuse, son épure qui élève, éclatent au premier regard. Il n'y a rien à enlever, rien à ajouter. Le dressage de ce plat a traversé les décennies et sa modernité n'a pas pris une ride. La forme n'est que le miroir de la nature profonde du plat tandis qu'elle n'empiète pas sur le goût. C'est l'antienne dans la cuisine de Bernard Loiseau. L'instinct et l'instant qui surgissent et se matérialisent dans le plat ne sont que l'étape finale d'un long cheminement dans la tête du chef dont il est impossible de circonstancier le parcours et les étapes. Ce n'est pourtant pas le hasard qui aboutit à un plat de Bernard Loiseau. Le cours de la création est naturel comme une rivière avance vers le fleuve, et le fleuve vers l'océan. Au fil de ses voyages dans son Morvan proche, dans les rencontres à table, lors de ses évasions solitaires, en toute occasion, on l'imagine bondir sur chaque idée, chaque intuition, chaque observation, comme autant de ressorts et d'impulsions au service de sa quête du goût. Puis un jour, à un moment soudain, inattendu, l'idée surgit comme sourd une rivière ou saute le bouchon d'une bouteille de champagne. Il n'y a jamais de pause, d'interruption, de repos… le mouvement est continu et inlassable.

« Travailler avec lui était une exigence de tous les instants, il fallait avoir la foi sinon on ne tenait pas longtemps », analyse Patrick Bertron. Qui mieux que le Breton, le Rennais, pour expliquer et témoigner de la genèse de la cuisine de Saulieu ? Il a fait la comptabilité du temps passé au moment de rendre son tablier en 2023 : « quarante et un ans cinq mois et quinze jours de ma vie. » C'est un marathon de la fidélité. Il a commencé le 15 mars 1982 et Patrick Bertron le raconte comme si c'était la veille. Il avait envoyé une lettre de candidature à la suite d'une petite annonce parue dans un journal professionnel. La Maison Loiseau avait répondu favorablement par une lettre sans entretien d'embauche. Le courrier était arrivé quand Patrick Bertron était encore à bord d'un bateau de la marine nationale. Il terminait son service militaire. Sitôt débarqué à Brest, il enfourche sa moto 125 cm^3 avec son balluchon et entreprend une traversée de la France pour rejoindre Saulieu. Aujourd'hui, le voyage prend des airs d'épopée. Mais dans cette France qui ne connaît pas encore le téléphone portable, Internet, Instagram, et voyageait en Corail, le périple de Patrick Bertron n'a rien d'extraordinaire. Il éclaire sur la motivation du futur cuisinier. Les dernières pentes du Morvan, entre Château-Chinon et Saulieu, ont dû être rudes pour la moto et son cavalier fatigués. Patrick Bertron était tout à l'insouciance de sa jeunesse. Il arrive à Saulieu à l'heure du dîner du personnel. Bernard Loiseau est en bout de table.

C'est la vie d'une brigade qui commence. Le jeune cuisinier va enchaîner les postes, du garde-manger à la viande, des entrées aux poissons. Si bien qu'en quelques mois, il fait le tour. Un matin de la fin de l'année 1983, il arrive en cuisine et Bernard Loiseau lui indique qu'il devient son second. « Il n'y avait aucun moyen de dire non à Monsieur Loiseau. Ce n'était pas à prendre ou à laisser. C'était à prendre », raconte Patrick Bertron qui s'apprête à « escalader le mont Blanc sans jamais avoir pris une leçon d'alpinisme ». Le jeune cuisinier n'en mène pas large. Il doit faire ses preuves. Il les fera. Bernard Loiseau ne se trompe pas quand il a repéré un talent. Il est un entraîneur. Il est une tornade qui agrège

Brigade et salle devant la façade de *La Côte d'Or*.

tout sur son passage. Il est une tempête d'impatience qui hisse vers les sommets. « Ce qu'il ramassait en deux minutes de discours exalté pour la télévision, il nous le répétait du matin au soir, à tous les services », insiste Patrick Bertron. Ses formules choc n'étaient pas un divertissement pour les médias, elles rythmaient les services, avant et après, elles décuplaient à l'heure du coup de feu, quand les joues rougissent et la sueur perle sur les visages. Chaque goutte de cet effort collectif contenait la substantifique moelle de la cuisine de Saulieu. Impossible n'est pas Loiseau.

À l'heure de raconter ces souvenirs, les yeux de Patrick Bertron sont cisaillés par des éclairs. Ce n'est pas la nostalgie, encore moins le regret qui nourrit cette électricité. Mais une forme de fascination intacte, presque une incrédulité d'avoir traversé ces quarante et une années dans les pas d'un pareil personnage. Bernard Loiseau est un aimant (au propre comme au figuré). Il a le regard, le geste et la parole magnétiques. Il est exigeant mais il n'est jamais odieux. « Je me souviens de ces services impensables de cent vingt à cent quarante couverts. Il était devant moi au passe, il ne tenait pas en place, l'énergie allait crescendo, il me répétait "envoie, envoie, envoie..." car pour lui, cela n'allait jamais assez vite. Je lui répondais que je ne pouvais pas. Il insistait. La pression montait. Mais à la fin du service, il revenait toujours avec une parole apaisante pour panser la douleur du moment passé. »

L'impatience est chez Bernard Loiseau une noblesse, une autre manière d'expliquer sa cuisine si particulière. En toute circonstance, à table encore davantage, il ne supporte pas d'attendre. Il y a un côté gargantua chez le chef de Saulieu, la nourriture doit se dévorer. Le mouvement physique des mâchoires et l'ingurgitation des aliments sont indissociables de la jouissance sensitive du cerveau. Tout participe à la fête du repas. Toute attente qui retarde ce moment chéri en dévalue l'intensité. La satisfaction de l'instant est primordiale. Il n'en

JAMBONNETTES DE GRENOUILLE

Grand défenseur de la Bourgogne, Bernard Loiseau imagina la recette en 1984. Comme il se plaignait que les traditionnelles grenouilles à l'ail et au persil « baignent dans le beurre et que le goût d'ail ne vous quitte plus », il imagina enlever le beurre et la matière grasse pour gagner en goût et en légèreté. Il décida aussi de cuire séparément chaque élément pour en conserver la saveur originelle.

Dès 1986, les jambonnettes figurent parmi les « plats incontournables » mentionnés par le guide Michelin pour les restaurants étoilés. Selon le chef, l'ail mérite ici tous les égards. Les gousses soigneusement épluchées et dégermées sont plongées pas moins de sept fois dans une casserole d'eau froide portée à ébullition, en prenant soin entre-temps de changer l'eau de cuisson. Et en adaptant la préparation en fonction de la saison, l'ail printanier ayant des arômes réputés moins puissants que ceux de la plante hivernale. Il est temps ensuite de le mixer pour obtenir une purée aussi lisse que possible. La préparation du persil exige moins d'attention, cuit avant d'être également mixé et rehaussé d'un trait de citron pour exacerber l'acidité et juste assaisonné de sel et de poivre. Pour les grenouilles, il recommande les jambonnettes, plus dodues et gourmandes. Elles sont simplement dorées au beurre en veillant à les déposer soigneusement sur un linge après cuisson pour ôter tout surplus de matière grasse. La présentation sera élégante et efficace : les jambonnettes tout autour d'une assiette recouverte du jus de persil avec, au centre, la généreuse purée d'ail. Au gourmand d'organiser de fréquents allers-retours entre la chair dodue, la voluptueuse purée et l'incisif coulis.

« LA NIAQUE ! »

« MA SEULE PASSION C'EST LA CUISINE, QUOI ! »

« Tous les jours, je mets mes chaussettes et je me dis : 3 étoiles ! »

« MOI, JE VEUX ÊTRE LE MEILLEUR, C'EST TOUT. »

« AU TAQUET ! »

« Il y a 3 étoiles ; il y en aurait 4 je serais déjà dans les starting blocks. »

« DONNER DU BONHEUR AUX AUTRES. »

« LE GOÛT, LE GOÛT, LE GOÛT ! »

« Redonner aux choses le goût de ce qu'elles ont. »

« FAIRE SIMPLE AVEC DE GRANDS PRODUITS. »

« Vive la cuisine, vive le bon goût français. »

« ON EST LES MEILLEURS ! »

—

Ses formules choc n'étaient pas un divertissement pour les médias, elles rythmaient les services, avant et après, elles décuplaient à l'heure du coup de feu, quand les joues rougissent et la sueur perle sur les visages.

va pas seulement de l'accomplissement d'un caprice, il en va de la célébration du goût, l'alpha et l'oméga de la cuisine selon Bernard Loiseau. Il ne s'agit pas d'expédier, il s'agit de respecter et de préserver le goût, au-delà de toute exigence. Voilà pourquoi Bernard Loiseau ne supporte pas qu'un plat s'éternise sur le passe. Cela le rend hystérique, non pas par une sorte de bon plaisir du chef, mais parce que chaque seconde abandonnée sur le passe amputera le plaisir programmé et promis du mangeur dans la salle.

Cette comptabilité du goût en unités de temps est l'un des ressorts de la cuisine de Bernard Loiseau. À l'aune de cette horloge, bien des plats et des techniques se révèlent. Les cuisses de grenouilles sont un bel exemple de la dualité du temps long et du temps court dans la chronologie de la cuisine de Saulieu. Patrick Bertron était aux avant-postes quand le plat mythique a surgi de l'imaginaire de Bernard Loiseau : « Un jour, le chef est rentré enthousiaste d'un déjeuner dans le Morvan ou dans la Saône, je ne m'en souviens plus. Il raconte ce plat de grenouilles à l'ail et au persil qu'il a mangé et qui l'a transporté. Comme d'habitude, il est tout feu, tout flamme, il sent qu'il tient une idée et qu'il faut la travailler sur-le-champ, corriger les excès du plat, l'alléger, le rendre plus digeste, et lui apporter cette nécessaire élégance. » Commence le temps long de la recette. Patrick Bertron démarre les recherches et les essais. Il commence par l'ail dont il faut tempérer l'ardeur dans l'assiette, et dans les heures qui suivent sa consommation. Il songe à la blanquette de veau dont on blanchit les morceaux de viande à l'eau pour les débarrasser de leur impureté et de leur odeur animale. « Appliquée à l'ail, cela devrait marcher », se dit-il. Il plonge les gousses d'ail dans de l'eau froide portée à ébullition, une fois, deux fois, trois fois, etc., jusqu'à ce que l'ardence de l'ail soit conforme à la délicatesse requise. Selon la saison, que l'ail soit jeune ou vieux, il faut jusqu'à dix bains d'eau bouillante pour assagir son tempérament. Le génie du plat est précédé d'une immense ingratitude. Louis-Philippe Vigilant n'a pas oublié les dizaines de kilos d'ail qu'il a dû éplucher pendant les premiers mois de sa carrière à Saulieu. Les gousses cuites sont écrasées et pendant toute une nuit au réfrigérateur, pressées sous un poids pour éliminer l'excès d'eau. Le lendemain, pendant que les cuisses rissolent dans le sautoir, la préparation d'ail est achevée, allongée de crème réduite pendant son réchauffement. Et la purée de persil ? Elle n'a pas vécu le même marathon de préparation. Les innocentes tiges sont ébouillantées puis plongées dans l'eau glacée pour fixer l'intensité du vert. Le jus est mixé, son assaisonnement est redressé, et selon les consignes de Bernard Loiseau qui abhorrait le beurre, il est dressé dans l'assiette sans l'adjonction d'une quelconque matière grasse.

Dans ce plat d'une simplicité trompeuse, qui par l'ingéniosité de la technique, la répétition ingrate des gestes, le refus du raccourci facile réunit tous les ingrédients de la cuisine de Saulieu, jusqu'à la quintessence : exalter des produits du terroir sans les dénaturer, effeuiller sans dépouiller, enlever sans diminuer, retirer pour rehausser, pour qu'à la fin, le plat acquière la lisibilité parfaite, la précision sans faille et la justesse absolue. Le goût de

Bernard Loiseau attablé à *La Côte d'Or* dans la salle Dumaine. Après le rachat, il a attendu quinze ans avant de construire une nouvelle cuisine et des salles à manger en rez-de-jardin.

la grenouille, la saveur tempérée de l'ail qui s'évanouit au fur et à mesure que la note exacte du persil tient comme un souffle de fraîcheur qui entrerait par la fenêtre. La cuisine apparaît comme du grand art. Elle n'est, chez Bernard Loiseau, que de l'intuition associée à une intention et mise en œuvre par la répétition de gestes limpides, un déploiement d'énergie sans borne et une croyance ineffable dans l'ouvrage collectif. En cuisine, il encourage par le « nous » et non par le « je ». « Monsieur Loiseau ne répétait pas à longueur de service "je suis le meilleur" mais "nous sommes les meilleurs". Et croyez-moi, cela change tout », précise Patrick Bertron.

Cette cuisine qui fédère la brigade parle au plus grand nombre dans la salle. La cuisine n'est un spectacle que lorsqu'elle atteint son public. Les mines réjouies dans un restaurant valent les rires déployés dans un théâtre comique. Si les gens ne s'esclaffent pas, la farce est ratée, si les regards sont fermés, la cuisine n'a pas ému, quels que soient les trésors d'ingéniosité déployés en amont. La cuisine de Bernard Loiseau n'est pas élitiste. Elle parle au plus grand nombre, encore une fois, par sa simplicité trompeuse et sa lisibilité par tous. Elle est comme un livre de Marcel Pagnol ou le *Boléro* de Ravel. Sa sensibilité touche sans exclure. Il y a l'attention sans la prétention. Le chef n'est pas en démonstration. Le temps du service, la cuisine s'arroge le premier rôle. Bernard Loiseau ne parade pas en salle. Il ne fait pas le tour des tables. Il est en cuisine pour motiver la troupe et surveiller les plats qui passent. De temps à autre, il s'échappe pour aller goûter le spectacle, caché derrière une porte entrouverte. La fierté doit bien l'assaillir quand il avise la sociologie des mangeurs en plein régal, communiant sans l'once d'une hypocrisie, comme jamais ils ne le feraient ailleurs, rassemblés autour de ses plats : la grand-mère entourée des siens et fêtant ses quatre-vingt-dix ans, le jeune couple de fiancés, des bourgeois endimanchés de Dijon, un journaliste en famille, des parents ouvriers venus fêter le baccalauréat du dernier, un acteur à la mode et sa troupe, un ancien président de la République et tant d'inconnus sans histoire, plus qu'heureux d'être attablés chez Bernard Loiseau, savourant la joie éphémère de l'instant. Pendant des semaines, des mois, des années, ils en garderont le souvenir, et ils le partageront. Il y aura peut-être une photo prise avec Monsieur Loiseau pour l'immortaliser. Songez à la valeur de ce cliché à l'époque où Instagram n'existait pas !

Le restaurant gastronomique est d'autant plus un lieu d'exception qu'il est capable de rassembler le plus grand nombre dans la diversité. La monoculture sociétale des restaurants est l'ennemi de la fête gastronomique. La cuisine de Saulieu en est l'antidote et le chef Bernard Loiseau en avait la hantise. Le personnage public, parfois jusqu'à la caricature, était l'ambassadeur de ce projet. À la fin du service, il se tenait accoudé au comptoir à l'entrée de *La Côte d'Or*, et il jouait du Loiseau comme à la télévision, au passage des convives qui quittaient la fête.

Bernard Loiseau communique comme il mange, avec boulimie. Faire savoir n'est que la continuité de faire. Si l'image sur papier glacé ou la minute trente à la radio nourrit l'ego, elle sert la cuisine. Même si souvent la forme phagocyte le fond. C'est la loi du genre à la télévision. Il y a, par exemple, cette émission tournée avec l'ami Jean-Luc Petitrenaud (auvergnat comme lui). Les deux acteurs nés font un numéro même si l'on sent que Bernard Loiseau tente d'expliquer un aspect fondamental de sa cuisine. Il raconte et montre en direct comment sa mère cuit une entrecôte à la poêle, devant un Petitrenaud farceur et dissipé. Tout est dit dans la séquence de moins de trois minutes : la graisse d'oie pour cuire la viande qu'il jette en fin de cuisson ; la petite noix de beurre ajoutée et le déglaçage des sucs collés à la poêle avec une cuillère d'eau. Petitrenaud avec la grimace d'un clown fait mine de s'offusquer. De cette séquence télévisuelle divertissante, il y a matière à mieux comprendre la cuisine du chef dont la conclusion semble le laisser sur sa faim, même si son sourire franc et enjôleur dissipe la déception (réelle ou juste perçue).

SANDRE RÔTIE SAUCE AU VIN ROUGE

La sandre, que certains dictionnaires continuent à accorder au masculin, illustre à merveille dans cette recette la philosophie de Bernard Loiseau : trois saveurs et trois produits au maximum dans l'assiette. Le sucré de l'échalote est associé aux tanins du vin et au moelleux de la sandre.

C'est en 1985 que Patrick Bertron, à l'époque second de Bernard Loiseau, réfléchit avec le chef à un plat qui honore les plats canailles de Saône ou de Loire, façon matelote pochée au vin rouge. La préférence est donnée à la sandre, plus rassembleuse que le brochet et contenant moins d'arêtes que la carpe. Les deux cuisiniers optent pour une cuisson à la poêle, celle-ci couverte pour exacerber les saveurs associées au poisson d'eau douce, et cuite sur un côté pour une peau très croustillante. Quant au vin, il ne sera pas bourguignon mais plus sudiste, à base de syrah pour plus de tanins. La préparation de la sauce se montre délicate, à feu doux, pour éviter le côté bourguignon. Et à base de purée de carottes pour gagner en consistance et éviter tout ajout de farine. Le geste final consiste à monter au beurre sur un feu toujours doux pour un maximum de volupté. Dans l'assiette, la composition réunit la fondue d'échalotes sur laquelle est déposée la sandre avec, autour, la sauce. Quant au sommelier, il recommande vivement de servir un vin issu de la même région que celui utilisé dans la sauce.

—

Bernard Loiseau a-t-il toujours été compris, en dépit d'une notoriété comparable à celle d'un acteur populaire ? Rien n'est moins sûr.

Bernard Loiseau pose devant quelques-unes de ses recettes phare dont, à droite, la rose des sables pur chocolat et coulis d'orange.

Bernard Loiseau a-t-il toujours été compris, en dépit d'une notoriété comparable à celle d'un acteur populaire ? Rien n'est moins sûr. Sa « cuisine à l'eau », que d'aucuns décriraient comme un coup de communication, a fait sourire dans la profession, elle a été moquée sous cape, elle a été jusqu'à être comparée à « une dérive maoïste de la gastronomie ». Diantre ! D'autres comme Rudolph Cheminski, un journaliste américain, filent la métaphore artistique sans s'apercevoir qu'ils manquent leur cible : Bocuse serait Beethoven, Loiseau, Stravinski, Schönberg, voire Stockhausen[1]. C'est tout l'inverse justement.

La « cuisine à l'eau », par les effets pervers du cirque médiatique, échappe à son créateur. Henri Gault, l'inventeur du concept de la nouvelle cuisine, se range du côté du cuisinier iconoclaste de Saulieu. À y regarder de plus près, il montre l'avenir comme la boussole indique le nord. La « cuisine à l'eau » est un message, une manière d'expliquer et de se démarquer, elle n'est pas à prendre au pied de la lettre. Elle est une manière de dire autrement ce que Bernard Loiseau s'évertue à chanter sur les toits et à pratiquer dans sa cuisine : le goût, le goût... mille fois le goût.

Patrick Bertron raconte les coulisses de la cuisine à l'eau. « Cela n'a l'air de rien, mais c'était de la haute voltige, de la précision d'horloger suisse. Songez à ces sucs de cuisson collés dans le fond du sautoir dont il faut tirer toute la magie d'une sauce qui aurait été longuement préparée. Il fallait viser juste, trop peu, cela avait le goût de flotte, trop cuit, le jus n'était qu'amertume. En vérité, on corrigeait toujours avec un peu de fond qui avait mijoté longuement. Cela ne changeait rien à l'esprit de la cuisine qui était d'aller vers toujours plus de légèreté et de simplicité pour se concentrer sur le goût du plat. » La chambre d'écho médiatique déforme le message. Mais le mangeur attablé à Saulieu saisit, sans doute sans la comprendre parfaitement, la philosophie du maître des lieux. Il n'imagine pas la révolution en marche. La cuisine à l'eau se matérialise dans la confection des fonds. Bernard Loiseau, comme toujours, procède par élimination, une destruction créatrice. Les épices, n'en parlons pas, le chef les a toujours tenues en méfiance. Les bouquets garnis n'ont rien à faire dans la marmite.

1 — Cité par William Echikson, *Bernard Loiseau, La quête des étoiles* aux éditions Hachette

Poularde
Alexandre Dumaine

La poularde de Bresse truffée, cuite à la vapeur et servie avec une sauce suprême, rend hommage à la recette imaginée par Alexandre Dumaine.

Selon lui, un fond doit extraire le goût de la viande, le précipiter, le concentrer, le magnifier. À la fin, au moment de réaliser la sauce, il va le corriger et l'améliorer avec des purées de légumes, plutôt que de le gâcher, selon lui, avec des tombereaux de beurre et de crème. Alors, il choisit des morceaux de viande nobles pour composer ses fonds. Au contact de l'eau bouillottant, et des heures durant, le bœuf, l'agneau et/ou la volaille rendent leurs sucs et, par concentration, livrent un consommé d'une sapidité tranchante comme une feuille de boucher affûtée.

La poularde Alexandre Dumaine (en hommage à son lointain prédécesseur) picore dans la même basse-cour. Comme les grenouilles et la rose des sables, le plat est un monument indestructible. Ses fondations sont d'une modernité prodigieuse même si la présentation prend les atours de la tradition. Songez que le plat arrive en salle sur un chariot, dans la marmite en terre dans laquelle la poularde a cuit. À la manufacture de Digoin qui façonnait l'objet singulier, Bérangère a acheté tous les exemplaires en stock. C'est dire qu'elle ne compte pas retirer le plat de la carte. La poularde ne cuit pas dans un bouillon mais à la vapeur d'un bouillon de viande, posée sur un trépied, juste au-dessus du liquide. La volaille est farcie de légumes. La marmite est scellée par un linge qui ne sera dénoué qu'en salle devant le client un peu éberlué. Les tables voisines ne perdent pas une miette du spectacle. C'est à dessein. Comme toujours, la cuisine de Bernard rassemble même ceux qui n'ont pas commandé le plat. La poularde est découpée par le maître d'hôtel, les parfums du bouillon embaument et préparent le festin. Autrefois, les légumes extraits de la carcasse étaient posés à côté de la viande et une cuillère de riz à la truffe accompagnait l'auguste poularde.

Le plat a souvent fait la une des magazines culinaires. Une photographie est encadrée dans le couloir des souvenirs, juste au-dessus de la cuisine. Louis-Philippe Vigilant l'avise et ne peut s'empêcher de commenter, songeur, le dressage de l'époque : « On pouvait avoir trois étoiles avec cela. » Car depuis l'assiette a changé. Le fond de la recette n'a pas été modifié. La présentation est plus élaborée, les légumes sont dressés en cuisine comme un mille-feuille. Il interroge sur l'emprise de la forme sur le fond, de l'image sur le goût. Qu'en penserait Bernard Loiseau ? Le naturel de l'impatient surgirait au galop. Patrick Bertron esquisse un petit sourire : « Je crois qu'il nous dirait que nous nous embêtons pour pas grand-chose. » Chaque seconde de trop consacrée au dressage se paie en retour dans l'intensité du goût dans l'inconscient du chef de Saulieu. Voilà pourquoi Bernard Loiseau n'a jamais dressé un plat à la pince à épiler ! Malgré les différences de présentation, le fil de la poularde n'a pas été rompu et le plat brille au firmament. La carcasse de retour en cuisine est plongée dans le bouillon, métaphore de la continuité. Elle va enrichir le substrat de la prochaine cuisson. De volaille en volaille, le bouillon, comme le levain du boulanger, s'enrichit de l'humeur du temps et du vivant.

—

En 1984, il écrit un texte sur les légumes, lumineux et profond, qui dit tout avant tout le monde, une ode au végétal pavé de toutes les obsessions de sa cuisine.

Bernard Loiseau est comme la forêt morvandelle : il n'est pas fait que d'un seul bois. Pendant longtemps, il s'est refusé à cuisiner le lièvre à la royale, cet Himalaya de la cuisine française qui contrevenait aux principes dictés par son impatience. Il a fini par changer d'avis. Il raffolait des cuissons courtes, celles où le déglaçage à l'eau prenait tout son sens. C'est aussi parce qu'elles révèlent mieux la fraîcheur d'un rouget de la Méditerranée ou le goût de la viande d'une charolaise nourrie à l'herbe du Morvan. Bernard Loiseau a l'obsession du produit exceptionnel collecté dans son terroir le plus proche. Quelques mois avant la bonne nouvelle des trois étoiles, une critique du *New York Times* le met dans une rage inextinguible. Patricia Wells, critique américaine, rhabille son plateau de fromages pour l'hiver : « Un époisses plutôt plâtreux, un fromage de chèvre franchement insipide, et un vacherin si fade qu'il a dû être fait avec du lait écrémé... » La colère du chef est d'autant plus compréhensible que sa religion du goût infaillible est mise en porte-à-faux. Mission est donnée, toutes affaires cessantes, de partir en quête de la crème de la crème dans les terroirs de France. Le plateau de fromages de *La Côte-d'Or* ne sera plus jamais pris en défaut par un critique culinaire d'outre-Atlantique.

Ainsi va la cuisine de Bernard Loiseau : toujours en mouvement, comme le chef. Un coup et une intuition d'avance. En 1986, il écrit un texte sur les légumes, lumineux et profond, qui dit tout avant tout le monde, une ode au végétal pavé de toutes les obsessions de sa cuisine. Le goût, d'abord : « Au-delà des chairs les plus exquises, des viandes les plus sublimes, des poissons les plus fins, les aliments qui symbolisent le mieux la pureté du goût sont incontestablement les légumes [...] » La cuisine pour tous : « Le légume est par excellence la nourriture la plus proche de l'homme, car, au repas du pauvre ou au festin des riches, il est toujours là, à égalité avec les autres plats. Le boucher et le mareyeur peuvent offrir les produits les plus modestes ou les plus luxueux, tandis que le maraîcher, aussi compétent qu'il soit, ne cultivera jamais que de simples espèces végétales toutes issues d'une même nature. [...] il n'y a jamais de race de légume supérieure aux autres. » Le devoir de surpassement du cuisinier : « Dans leurs diversités, les légumes sont uniques, laissés souvent pour compte de la grande bouffe d'apparat et pourtant si nécessaires à l'harmonie d'un beau plat et à l'équilibre des saveurs, ils servent de révélateurs à l'imagination des cuisiniers. Ils les contraignent à démontrer leur talent. » Ces deux dernières phrases sont stupéfiantes tant elles semblent divinatoires.

LA MAGIE DES LEGUMES

Au delà des chairs les plus exquises, des viandes les plus sublimes, des poissons les plus fins, les aliments qui symbolisent le mieux la pureté du goût sont incontestablement les légumes. Fleurons de notre planète, ils tirent leur noblesse de la terre, puisent leur vie dans l'eau et mûrissent grâce au soleil. Le légume est par excellence la nourriture la plus proche de l'homme, car, au repas du pauvre ou au festin des riches, il est toujours là, à égalité avec les autres plats. Le boucher et le mareyeur peuvent offrir les produits les plus modestes ou les plus luxueux, tandis que le maraîcher, aussi compétent qu'il soit, ne cultivera jamais que de simples espèces végétales toutes issues d'une même nature. S'il peut y avoir, à l'intérieur d'une même variété, des différences de qualité de par leur conditions de culture, il n'y a jamais, en revanche, de races de légumes supérieures aux autres.
L'aubergine, la carotte et la pomme de terre, pour ne citer que ces espèces représentatives du répertoire légumier, ne souffrent en effet d'aucune discrimation entre elles dans l'esprit du consommateur, et pourtant elles viennent d'horizons bien différents. L'aubergine, qui fleurit à l'air libre et nous vient d'orient, évoque par sa couleur violacée la chaleur ensoleillée des cuisines méditerranéennes. La carotte, une racine ombellifère qui règne sur tous les potagers, est le bon vieux légume des campagnes françaises. Elle se savoure aussi bien crue que cuite et intervient dans toutes les facettes de notre culture gastronomique. La pomme de terre, apparemment le plus banal tubercule de notre agriculture, nous est parvenue des Amériques au XVIIIe siècle pour s'installer confortablement dans nos habitudes alimentaires. Aucun chef ne peut l'ignorer et beaucoup lui vouent à présent une vénération sans limite.
Ces trois denrées nous permettent de voyager, dans l'histoire, dans les civilisations, les sens, les parfums, les couleurs. On en consomme à la maison comme dans les plus prestigieuses maisons, on les trouve dans tous les commerces, on en mange à toutes les saisons. Là est aussi le miracle des légumes.
Certains d'entre eux n'apparaissent qu'à un moment précis de l'année, d'autres garnissent en permanence nos assiettes.
Où a t-on vu une telle profusion de différences dans les formes et une telle convergence de plaisirs lorsqu'on les déguste.
Voici donc trois exemples de végétaux sans aucun rapport, ni d'origine, ni d'aspect, ni de saveur, ni de texture, qui interviennent pourtant dans les préparations les plus raffinées de la cuisine française. Ils ont en commun, ce qui les place au dessus de toute distinction gastronomique, d'être le fruit de la terre et du travail de l'homme. Ce message a quelque chose de symbolique, cela s'appelle la magie du légume. Cette magie qui ne permet pas, bien qu'on puisse difficilement les comparer, au merlan de rivaliser avec le turbot, ni au lapin de clapier de concurrencer le boeuf de Kobé, car leur image respective a subi la loi des valeurs commerciales.
Dans leurs diversités les légumes sont uniques, laissés souvent pour compte de la grande bouffe d'apparat et pourtant si nécessaires à l'harmonie d'un beau plat et à l'équilibre des saveurs, ils servent de révélateur à l'imagination des cuisiniers. Ils les contraignent à démontrer leur talent. Nul ne peut en effet prétendre aujourd'hui être un grand chef qu'il

Ce texte de Bernard Loiseau rend hommage aux légumes qui occupent une place majeure dans son registre culinaire. Précurseur à la lettre, il concocte un menu composé uniquement à base de légumes qui rencontrera un succès certain auprès de la clientèle.

n'ait dédié une partie de sa carte aux seigneurs du potager. Car le légume ne supporte pas la médiocrité d'une taille mal faite ou d'une cuisson bâclée. Contrairement à d'autres mets, un légume raté ne se rattrape pas.
A l'heure où la restauration s'égare parfois, recherche ses racines, ressent le besoin d'une nouvelle expression, essaie de renouer avec les saveurs authentiques, il est indéniable que le premier d'entre nous qui parviendra à consacrer les légumes comme rois de sa table rendra à l'art du goût le plus beau des hommages et un grand service aux paysans qui se battent pour pérpétuer, sur le lopin de terre, une certaine identité de la France. C'est en tout cas, à Saulieu, un de nos combats.

Bernard Loiseau

ROSE DES SABLES PUR CHOCOLAT ET COULIS D'ORANGE

Lors de sa création en 1985, cette recette de rose des sables était très avant-gardiste. Elle annonçait avec plusieurs années d'avance cette remise en cause nécessaire des pâtissiers pour diminuer les quantités de sucre et alléger leurs préparations.

À la glace au chocolat, le chef a préféré un sorbet comme il a privilégié une base de tuile si fine. Peu de matières grasses, donc, et un coulis d'oranges confites pour des saveurs exacerbées et une totale harmonie entre le cacao et l'agrume. Une composition inespérée pour terminer en toute légèreté et en beauté un repas.

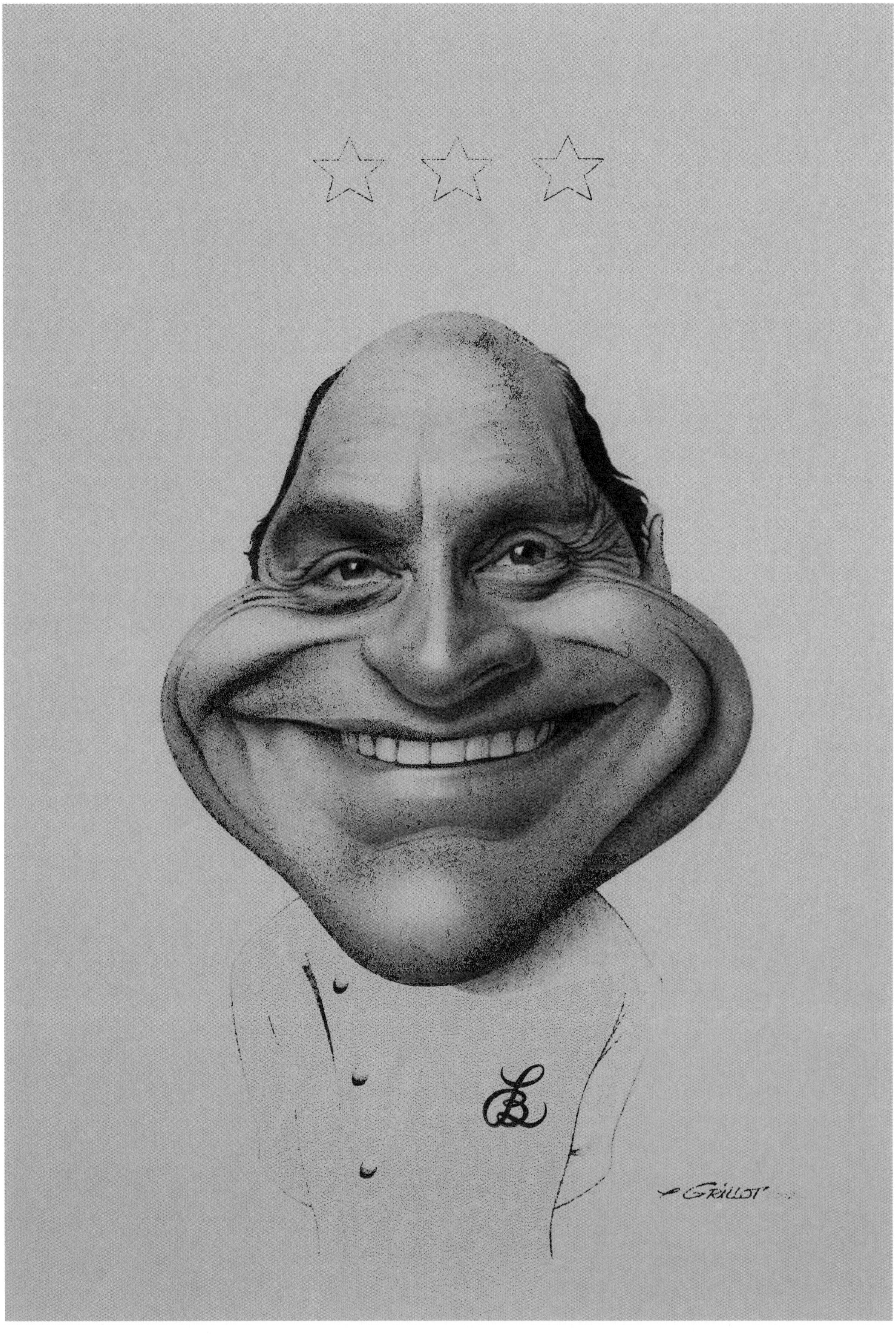
GRILLOT

—

Bernard Loiseau n'est pas un idéologue de l'alimentation. Il ne cuisine pas pour sauver le monde, mais pour l'enchanter. Il ne prêche pas. Il savoure chaque bouchée qu'il avale, chaque plat qu'il sert. Son catéchisme, c'est le goût ; son sacerdoce, la cuisine. Point final.

Et Bernard Loiseau de conclure : « À l'heure où la restauration s'égare parfois, recherche ses racines, ressent le besoin d'une nouvelle expression, essaie de renouer avec les saveurs authentiques, il est indéniable que le premier d'entre nous qui parviendra à consacrer les légumes comme rois de la table rendra à l'art du goût le plus beau des hommages et un grand service aux paysans qui se battent pour perpétuer, sur le lopin de terre, une certaine identité de la France. C'est en tout cas, à Saulieu, un de nos combats. »

À Saulieu, la prophétie devient autoréalisatrice. Bernard Loiseau met en place deux menus légumes par an, en hiver autour de la pomme de terre, au printemps, avec les légumes nouveaux. « Il s'était dit que les femmes qui remontaient de week-end à Paris, et s'arrêtaient à Saulieu pour dîner, avaient envie de légèreté – et que le légume était tout indiqué, se souvient Patrick Bertron. Il n'y avait aucune idée de végétarisme ou de véganisme derrière, juste cette envie de célébrer le goût avec le légume. » Le chef de Saulieu est en avance sur son temps – plus que les journalistes culinaires. Le tintamarre médiatique ne verra jamais combien il fut précurseur, ici comme ailleurs.

Bernard Loiseau n'est pas un idéologue de l'alimentation. Il ne cuisine pas pour sauver le monde, mais pour l'enchanter, ce monde qui s'attable à Saulieu, le fortuné ou celui qui a économisé pendant trois trimestres pour goûter la joie rapportée et célébrée des jambonnettes de grenouilles et de sa poularde Alexandre Dumaine. Il ne prêche pas. Il savoure chaque bouchée qu'il avale, chaque plat qu'il sert. Son catéchisme, c'est le goût ; son sacerdoce, la cuisine. Point final. Cette humilité dans l'intention est une grandeur. Glisser de la morale dans la cuisine comme on tartine de la crème pâtissière entre deux feuilles de pâte croustillante et sucrée n'était pas de son époque.

Aidé de Dominique, Bernard n'aura de cesse d'agrandir et d'améliorer l'accueil de son Relais jusqu'à en faire un établissement aussi luxueux qu'authentique.

BERNARD LOISEAU
LA MAISON

Bernard Loiseau et le chef actuel, Louis-Philippe Vigilant, ne partagent pas les mêmes origines, Saulieu dans le Morvan pour le premier, Rivière-Pilote dans le sud de la Martinique pour le second. Louis-Philipe a traversé cet océan Atlantique pour accomplir son rêve de cuisine. Mais entre l'enfant des Caraïbes et celui qui est né et a grandi à Chamalières existe une similitude de destin. Bernard Loiseau et Louis-Philippe Vigilant sont aux antipodes et pourtant beaucoup de choses les réunissent.

L'un était impatient, volubile, dévorait les mots et emportait tout avec son sourire ravageur comme une bourrasque ; l'autre est plus économe de sa parole, parle avec le regard, le sourire tout aussi expressif est plus introverti. Derrière le paravent de chacun, un volcan de sensibilité est en éruption avec ce désir permanent de penser la cuisine. Comme Bernard, Louis-Philippe dégage cette autorité naturelle qui entraîne la troupe plus qu'elle ne la dirige. « J'ai tout appris ici », insiste-t-il sans avoir besoin de surjouer la sincérité. Il le pense et il le raconte. « Quand Bérangère Loiseau est venue me voir pour me proposer de succéder à Patrick Bertron, je me suis d'abord demandé : pourquoi moi ? En suis-je capable ? Et ensuite, même si je m'en croyais capable, je me suis dit, suis-je le mieux placé pour devenir le chef d'une maison aussi emblématique ? »

Ce moment vertigineux renvoie Louis-Philippe à ses débuts. Tout a commencé à Rivière-Pilote en Martinique. Il est né en 1984. Il perd son père quand il est âgé de trois ans. Sa mère est commerçante. Elle travaille beaucoup. À côté de ses cinq frères et sœurs, le jeune Louis-Philippe doit trouver son rôle pour aider la famille. Ce sera la cuisine sans qu'il puisse formuler de manière précise la source de ce qui allait devenir une passion dévorante. Dans les années quatre-vingt-dix en Martinique, la métropole est très loin, surtout quand il s'agit de gastronomie. Un mot que Louis-Philippe découvre dans les magazines culinaires et en regardant les émissions de la télévision. Les figures de proue de la haute cuisine – Bernard Loiseau, Michel Bras, Régis Marcon, etc. – dessinent dans son esprit les contours d'un futur, pour l'instant, inatteignable. « À l'époque, quand j'ouvre un livre de cuisine de Bernard Loiseau, tout est nouveau. Comme j'ai une grande soif de connaissances, j'apprends les techniques en lisant des recettes. Mais le gibier, le foie gras, les huîtres, les grenouilles, tout cela est théorique pour un enfant de la Martinique. » L'île natale est trop étroite pour l'accomplissement d'un rêve si grand. Louis-Philippe s'envole pour la métropole et, pendant quatre ans à Montpellier, il va se former et, acquérir des diplômes.

Louis-Philippe Vigilant quitte son île natale de la Martinique à 17 ans. Il rejoint en 2007 *La Côte d'Or* comme commis auprès de Patrick Bertron. Suivent un passage à *L'Oustau de Baumanière* aux Baux-de-Provence et un autre au *Strato* à Courchevel avant de retrouver le groupe Bernard Loiseau au sein de Loiseau des Ducs à Dijon. Début 2022, il revient à Saulieu. En 2023, il remplace Patrick Bertron parti à la retraite.

Pendant ses stages, il confronte sa culture livresque de la cuisine à la vie en brigade dans les premières grandes maisons. Le rêve se confirme, il prend forme. Il postule dans plusieurs restaurants étoilés. La Maison Loiseau lui réserve la meilleure impression. « J'ai d'emblée apprécié la manière simple et chaleureuse avec laquelle ils m'ont accueilli. Déjà au téléphone, je pouvais ressentir l'esprit de famille qui présidait dans cette maison. » Le premier jour de son arrivée, en 2007, ne va pas démentir ce sentiment liminaire. Comme Patrick Bertron, qui avait traversé la France depuis sa Bretagne natale pour rejoindre Saulieu en 1982, avec cette impression de franchir les continents, Louis-Philippe fait le voyage jusqu'au *Relais Bernard Loiseau*, avec ce mélange d'excitation et d'appréhension grandissant au fur et à mesure des étapes, d'abord la gare de Dijon puis l'autocar à l'assaut des vallons du Morvan. « C'est un choc pour qui vient du sud de la France, c'est une grande découverte pour qui a grandi à la Martinique. » Il est accueilli par la neige et c'est la première fois de sa vie qu'il la voit et la ressent. Il a des images plein la tête, dont celle de Bernard Loiseau posant pour des magazines devant le taureau de Pompon. Il arrive devant l'historique maison. Comme beaucoup de visiteurs, il ressent le décalage, l'apparence modeste n'est pas à la mesure de l'idée que l'on s'est forgée de ce lieu à la réputation planétaire. Passé la porte, la magie opère et vous enveloppe dans son confort douillet. L'âme et le charisme de la maison vous étreignent. Aucune ostentation ne vient gâcher la sincérité de l'instant. Personne n'est intimidé car rien ne respire la solennité pesante. Le luxe de l'expérience se loge dans la simplicité de l'accueil mais, en aucune manière, dans l'étalage de ses signes extérieurs. Les feux de cheminée qui jalonnent cette maison sont les garants, et la meilleure expression, de la chaleur, au propre comme au figuré, de cette maison bourguignonne.

Il en va du décor comme de la cuisine, Bernard Loiseau a ignoré les modes et les caprices des architectes en vue à Paris. Si le temps patine les boiseries et le cheval de manège planté dans le corridor de l'entrée, il n'émousse pas l'émerveillement. L'influence des années qui passent est un capital qui fructifie et l'âme de la maison grandit en se nourrissant de ses intérêts. Défaire et refaire comme cela a eu lieu ailleurs serait l'assurance de ruiner le précieux héritage. Personne n'y songe à Saulieu. Cette tradition affichée et revendiquée est encore plus moderne en 2025 qu'en 1985.

L'impression d'arriver dans un lieu familier a saisi Louis-Phillipe comme tant d'autres visiteurs. « Dès les premières minutes, je me suis senti bien. Alors que rien ne pouvait rappeler le lieu où j'ai grandi, tout à coup, tout me replongeait dans les sensations de mon enfance. » Quelle que soit son apparence, l'esprit de famille, pour peu qu'il soit sincère, est universel. La spiritualité qui imprègne les lieux et la cuisine de Saulieu, celle qui donne du sens à ceux qui la font et ceux qui en jouissent, n'est pas étrangère aux succès passés, présents et futurs de cette maison à nulle autre pareille. Louis-Philippe en témoigne. « Je suis allé voir ailleurs, pour parfaire mon expérience, j'ai travaillé dans des palaces à Courchevel où j'avais accès aux plus beaux produits car, dans ce genre de maison, on dépense presque sans compter. Au début, les yeux du cuisinier s'écarquillent mais, avec le temps, on réalise qu'il manque l'essentiel, ce que j'ai découvert en arrivant à Saulieu, et ce que je suis venu rechercher après mes parenthèses ailleurs. »
En 2007, Louis-Philippe arrive comme « commis » avec dans sa valise « une tonne de livres de cuisine » et une tête bien faite couronnée par les diplômes. Plongé dans le bain de la brigade, le jeune Martiniquais comprend vite ce qu'est la « niaque » de Bernard Loiseau. « J'apprends qu'avec une simple carotte ou tout autre produit du quotidien, on peut faire un festin, tout est une question d'intention et de réalisation. » Il goûte pour la première fois de sa vie des grenouilles, et considère que celles de Bernard Loiseau sont « culottées ». Il découvre le gibier et le lièvre à la royale « émerveillé », et mesure à cette occasion la force de la cuisine de *La Côte d'Or*, qu'il résume par une jolie formule : la « science de l'émotion ».

—

Louis-Philippe souffle sur les braises de l'émotion, comme Bernard Loiseau et Patrick Bertron en leur temps.

Le chef a les yeux qui s'illuminent comme un sapin de Noël en racontant ce souvenir fondateur. Il vient de réaliser sa première sauce « liée avec le sang, les poumons et le foie » du lièvre. Il la goûte. Il est satisfait. Patrick Bertron la goûte à son tour mais décide « de rajouter un peu de ceci, un brin de cela ». Louis-Philippe plonge une cuillère dans la sauce rectifiée et les quelques gouttes sur la langue provoquent une émotion qui lui hérisse les poils jusqu'au haut du bras. « À cet instant, je mesure toute la différence entre le "c'est bon" et cet effet "waouh !" qui vous transporte dans une autre dimension. » Cette « science de l'émotion » que Patrick Bertron a apprise de Bernard Loiseau, il va la transmettre à Louis-Philippe.

Le véritable apprentissage du chef commence. « La technique, on l'apprend à l'école, on se perfectionne au fil des services, il y a aussi tous les livres et toutes les ressources sur Internet pour affûter un geste ou une technique. Mais la quête de l'émotion, c'est une autre histoire, elle, autrement plus longue, elle demande des années, le temps pour tout chef de faire son palais. C'est ce que j'explique aux gens de mon équipe et aux jeunes qui arrivent, pressés par nature. » Louis-Philippe souffle sur les braises de l'émotion, comme Bernard Loiseau et Patrick Bertron en leur temps. Leurs cuisines diffèrent par les détails. Mais elles sont soudées par le fil ininterrompu du premier de cordée qui, il y a cinquante ans, entendait conquérir Paris et la France depuis son Aventin morvandiau.

Louis-Philippe est sans doute plus sensible qu'un autre à ce devoir d'émouvoir le plus grand nombre. Il vient d'une île où la cuisine, par la tradition des grandes tablées familiales, fédère et réconcilie. À Saulieu, la haute gastronomie est élitiste dans son essence pour conquérir le cœur du plus grand nombre. Bernard Loiseau en avait l'obsession. Louis-Philippe le dit autrement : « Je cuisine d'abord pour ceux qui viennent chez nous après avoir économisé toute l'année. Nous avons le devoir de leur faire vivre cette expérience exceptionnelle et de leur faire ressentir un moment inoubliable. »

La transmission est la charpente de l'âme de cette maison. Bernard Loiseau est lui-même l'héritier d'une histoire, celle d'Alexandre Dumaine, et cette *Côte d'Or* qui avec *Pic* à Valence, *Point* à Vienne, était la pointe septentrionale du triangle d'or de la cuisine française, entre 1935 et 1964. Dans l'ancienne salle à manger, les murs parlent et les images racontent les menus de cette époque révolue avec des avalanches de plats. Le temps était à la jouissance sans compter. L'outrance du pichet de beaujolais servi entre deux grands crus,

pour rincer la bouche du gastronome et désaltérer le mangeur marathonien a tout l'air d'une farce. Elle était bien réelle et se lit sur les visages de Pic, Dumaine et Point, dont les photos, mises côte à côte, sur une page de journal exposé dans la salle à manger, montrent des cuisiniers bons vivants. Le titre de l'article est « Trois étapes de gueules ». Ils ont des têtes d'acteurs des films de Marcel Carné. Ils ont l'œil farceur des *Tontons flingueurs* d'Audiard et Lautner. Ils ne jouent pas. Ils dévorent la vie comme une bougie qui se consume par les deux extrémités. Ils ont le sens de la fête. Loiseau en a été l'héritier. Que la table s'amuse, et ne se désespère pas dans l'ennui d'une gastronomie prétentieuse et incompréhensible. Voici le legs qu'il a reçu et transmis. La maison comme la cuisine portent le sceau de cet art de la table décomplexé.

De Mauro Colagreco à Arnaud Faye, des chefs, aujourd'hui consacrés, sont venus glaner les graines de leurs étoiles futures à Saulieu. Patrick Bertron a cuisiné pendant quarante et un ans à *La Côte d'Or*. « Je ne me suis jamais demandé ce que Bernard Loiseau aurait pensé de mes plats. Du reste, il m'avait habitué à un tel niveau d'exigence et je le connaissais tellement par cœur que lorsqu'il me demandait de lui préparer une recette, il était rare que je le déçoive. » Louis-Philippe a appris tous les codes de la cuisine de Saulieu et il ne s'en émancipe jamais, à savoir la simplicité et la pureté du goût, la quête de l'extase. Il n'empêche, le chef signe sa cuisine. Toutes les recettes exposées dans cet ouvrage le démontrent.

Il y a la lettre et l'esprit de la cuisine. Louis-Philippe dresse ses plats avec toute sa personnalité et le souffle de l'époque, laisse l'audace s'exprimer dans les associations de saveurs. Sa sole meunière, par exemple, est un de ces plats dont on se souviendra longtemps. L'élégance de la présentation et la justesse de la cuisson du poisson vont de soi. Mais la puissance du goût et sa fidélité à l'énoncé de la recette sont un coup de maître. Louis-Philippe, pour parfaire ce qu'il appelle « une ode à l'iode », agrémente l'assiette d'un condiment aux coques et aux algues de l'Atlantique. Sa « langoustine

Lucile Vigilant, cheffe pâtissière de *La Côte d'Or*. Avec Louis-Philippe, ils se sont rencontrés à Saulieu jusqu'à décider de partager vie intime et vie professionnelle.

de Loctudy » aux « bourgeons de sapin » accompagnée d'une morille farcie avec « la chair des pattes » est tout aussi magistrale, osée et percutante. Avec cette part d'audace, le plat tutoie les sommets et les étoiles. Louis-Phillipe garde les pieds sur la terre ferme : « Je fais ma cuisine, j'ai carte blanche mais, à la fin, ce sont les clients qui me jugent et Bérangère veille à ce que mon audace demeure dans l'esprit de la maison. »

À Saulieu, Louis-Philippe a rencontré la haute cuisine... et l'amour. Lucile est arrivée quelques mois avant lui pour un stage en pâtisserie. Fille d'agriculteurs, petite-fille d'aubergiste, la jeune femme se destine aux métiers de la salle. Saulieu va être le théâtre de son épiphanie. Benoît Charvet, le chef pâtissier aux côtés de Patrick Bertron, lui montre tout le champ de la créativité possible avec des œufs, de la farine, du sucre, du beurre, du chocolat... et des fruits. Il devine sans doute le talent en graine de la jeune femme et surtout une immense sensibilité enfouie qui ne demande qu'à sourdre. Lucile poursuit son stage par un premier poste de commis à la pâtisserie. Elle rencontre Louis-Philippe. Ils se marient. Tous les deux pendant quatre ans, chacun à son poste dans la brigade, se forment et s'imprègnent de l'esprit de la cuisine de Bernard Loiseau.

En 2013, après une parenthèse dans le sud de la France et en Haute-Savoie, ils s'installent à Dijon, à *Loiseau des Ducs*, Louis-Philippe, pour la première fois, chef de cuisine, Lucile, cheffe pâtissière. Le couple affûte sa complicité en cuisine. L'époque est à l'émancipation des chefs pâtissiers dans la brigade. En 2014, l'adresse dijonnaise du groupe Bernard Loiseau décroche une première étoile. Louis-Philippe et Lucile font souvent le voyage jusqu'à Saulieu. L'attachement est fort avec la maison de leur rencontre. Quand en 2022, l'heure du départ en retraite approche pour Patrick Bertron, le nom de Louis-Philippe s'impose naturellement pour le remplacer. Comme de juste, Lucile forme la seconde partie du tandem. C'est un retour aux sources, dans les cuisines de *La Côte d'Or*, pour les deux jeunes chefs.

Lucile pâtisse comme Louis-Philippe cuisine, avec le cœur, laissant sa sensibilité s'exprimer avec les fruits « qu'elle adore » et le chocolat « qui la transporte par sa malléabilité et sa source infinie de créativité ». La lisibilité et la pureté du goût sont servies par la délicatesse de la présentation. De ce point de vue, Lucile a toujours été émue par la Rose des sables, un dessert à la carte depuis près de quarante ans. Même si elle avoue n'en avoir mesuré la réelle portée symbolique que récemment,

Dominique entourée de ses deux filles, Blanche en cuisine et Bérangère qui préside le groupe Bernard Loiseau.

à l'occasion d'une démonstration culinaire au Brésil. « C'est un dessert hyperfuturiste. Il a les trois éléments essentiels : la présentation, la texture et l'efficacité », insiste la cheffe pâtissière avec les mots de sa génération. « Il a l'apparence de la simplicité, mais je peux vous dire que pour l'avoir bien étudié, et l'avoir exécuté maintes fois, sa réalisation est d'une grande complexité et exige une précision dans chaque étape pour qu'à la fin, il ait cette perfection. » Cette alliance de chocolat et d'orange devrait désarmer, interpeller ou mieux inspirer tous les pâtissiers en herbe. C'est l'audace au service du goût grimpant au firmament en une bouchée qui devrait guider l'apprentissage de leurs gestes plutôt que la quête effrénée d'une exposition sur les réseaux sociaux. La reconnaissance durable ne peut venir que de la première intention, pas de la seconde.

Bérangère Loiseau en est intimement convaincue. La fille aînée de la famille, aux commandes de la maison depuis 2023, fait la synthèse entre la tradition héritée et les exigences des temps modernes. « Mon père avait vu tellement de choses avant tout le monde qu'aujourd'hui, dans une époque bavarde qui sacrifie tout à l'image, sa manière de faire la cuisine prend encore plus de sens et de relief. »

Comme Bernard Loiseau, Bérangère est un point d'exclamation, un canal d'énergie, une tornade qui entraîne. La cordialité du sourire, le regard perçant qui observe et interroge le monde en mouvement, cette sensibilité à fleur de peau, le sens de la formule courte qui fait mouche, tout rappelle chez Bérangère le jeune Bernard, dans la conquête des étoiles. De sa mère, la jeune femme a hérité de la rigueur scientifique, d'un sens aiguisé de l'organisation, d'une façon de mettre en perspective, d'un sang-froid à toute épreuve, même si un feu intérieur pousse à aller toujours plus vite.

À tous les avocats de l'impossible, Bérangère rétorque : « Rendez-vous compte de ce que l'on a et de ce que les autres n'ont pas ! Nous sommes gâtés d'être dans cette maison, alors faisons-en quelque chose de bien et qui fait du bien aux autres. C'est la niaque, en fait ! » Bérangère en est d'autant plus convaincue qu'elle « a toujours su, dans [son] for intérieur », qu'elle reviendrait dans cette maison pour y travailler, d'une manière ou d'une autre. *La Côte d'Or* fait partie de sa vie depuis toujours. Il en va de même pour sa sœur cadette, Blanche. « C'était le quatrième membre de la famille, admettent-elles de concert. Enfants, nous mesurions que nos parents étaient exceptionnels et que le lieu dans lequel on les voyait travailler l'était tout autant. Il n'y avait pas de vacances, pas de week-ends, parce que la maison ne fermait jamais. On ne se posait même pas la question : c'était ainsi pour nous. On sentait qu'il y avait quelque chose de grand qui dépassait tout le reste. Cela faisait partie de nous. » Malgré tout, ou à cause de cela, et pour cela, Blanche et Bérangère n'ont qu'une idée en tête : marcher dans les pas de leurs parents.

Quand, en 2021, elles vont voir leur mère pour lui faire part de leur envie de prendre la succession, Dominique Loiseau leur dit : « Enfin ! Pourquoi avez-vous attendu si longtemps ? » Les deux filles se regardent et lui répondent : « Pourquoi tu ne nous l'as pas demandé plus tôt ? On aurait accouru ! » Chaque chose en son temps. Blanche trépignait depuis l'adolescence pour prendre sa place en cuisine : partir au bas de l'échelle et tout apprendre là où son père a écrit quelques-unes des plus belles pages de l'histoire de la cuisine française.

Les souvenirs remontent, car la brigade a été le plus beau terrain de jeu d'enfance de la cadette des Loiseau. La jeune femme a toujours eu un appétit d'ogre. Comme son père, elle aime la nourriture viscéralement, et dans toutes ses dimensions. Elle en a la jovialité, et cette franchise dans le coup de fourchette comme dans la manière « de dire ce [qu'elle] pense », sans détour, avec des mots tonitruants qui attirent les regards approbateurs ou réprobateurs.

50
BERNARD
LOISEAU
À SAULIEU
Célébrons les 50 ans d'histoire tout au long de l'année... et les 50 ans à venir !

Bérangère et Blanche Loiseau. La première est présidente-directrice générale du groupe Bernard Loiseau. Sa sœur Blanche a tenu son premier rôle de cheffe à *Loiseau du Temps* à Besançon avant d'ouvrir *Loiseau de France* à Tokyo.

Tout est dit quand elle évoque ces tartelettes au lapin qu'elle allait « chiper au passe » ou ces après-midi à la pâtisserie à « mettre les mains à la pâte ». La jeune femme vibre pour et par la cuisine. « J'aurais pu entrer en apprentissage à quatorze ans dans la brigade de Patrick Bertron, mais ma mère – et elle a bien fait – m'a dit d'aller faire des études et surtout d'aller voir ailleurs. » Ce que Blanche fera sans l'once d'un regret.

Elle reviendra à Saulieu avec un diplôme de master international en arts culinaires et innovation, obtenu à l'institut Paul Bocuse : d'abord comme demi-cheffe de partie auprès de Patrick Bertron, ensuite elle partira en immersion au Japon, et rentrera pour occuper son premier poste de cheffe à *Loiseau du Temps*, nouveau bistrot du groupe à Besançon. Après quelques mois, elle repart pour le Japon, s'occuper de l'ouverture de *Loiseau de France*. Aux cuisinières bien nées, la valeur n'attend pas le nombre des années.

Bérangère est une bonne vivante, mais pas à la manière de sa sœur. Elle finira par passer son CAP de cuisine pour comprendre les arcanes d'une brigade en action et conclure un long cycle d'études. Bérangère a cette envie d'apprendre, cette boulimie de connaissances, ce désir d'agréger les compétences pour apporter sa pierre à l'édifice. En d'autres termes : « Comment passer derrière ces deux monstres sacrés que sont mes parents ? »

À l'oral de Sciences Po, face à un jury inquisiteur, elle est confrontée à la notoriété de son père. « Vous êtes la fille de Bernard Loiseau ? Que venez-vous faire à Sciences Po ? » l'interroge-t-on, avec un étonnement malvenu. Ce ne seront pas les sciences politiques, mais une école de commerce. À la bonne heure ! Comptabilité, finance, marketing... Bérangère engrange les savoirs. Elle part pour New York travailler dans une agence de publicité. Elle va en Chine et au Japon. Son projet d'études est l'ouverture d'un restaurant à Tokyo. « Ce que je ferai en vrai

—

Ce service à la Loiseau, qui consiste à traiter chaque client à la manière d'un ami, n'a pas changé en cinquante ans. Cette convivialité fait partie du patrimoine de la maison, et n'a jamais été aussi moderne.

des années plus tard, sourit-elle. Plus j'allais loin, plus je me disais que je pouvais apporter quelque chose de plus au *Relais Bernard Loiseau*. »

Bérangère est engagée dans un cabinet d'audit. Elle rencontre Louis, son futur époux, à Annecy. En 2012, ils se marient. Quatre enfants naissent, et tous les prénoms commencent par le L de Loiseau : Léopold, Ludivine, Léandre et Lancelot. De retour à Saulieu, elle enchaîne les contrats de travail et, en 2023, à trente-quatre ans, elle est nommée à la présidence du groupe Bernard Loiseau. La maman remplace sa maman. « Je me suis dit que si elle avait relevé pareil défi en 2003, je devais être capable d'en faire autant. Et je crois que c'est en train de fonctionner. »

La jeune femme est animée de la force tranquille et de la conviction de sa mère, et avance à grandes enjambées, à Beaune et de *Loiseau des Ducs* à Dijon, l'ouverture d'une chocolaterie dans la boutique de Saulieu, l'ouverture d'un restaurant à Tokyo, l'ouverture de *Loiseau du Morvan* dans l'hôtel *La Tour d'Auxois* (situé juste en face du *Relais Bernard Loiseau*, de l'autre côté de l'ancienne Nationale 6), etc. Qui m'aime me suive ! « Tout n'est pas facile. C'est compliqué de mouvoir les gens. J'ai vu les coulisses de la maison du temps de mon père et de ma mère, et ce n'était pas rose tous les jours. C'est la vie, et il n'y a pas d'autre façon d'avancer. » Tel père, telle fille !

Éric Goettelmann, le chef sommelier de la maison, ne cache pas son admiration. Plusieurs fois, la voix est étranglée par l'émotion quand le Meilleur Ouvrier de France – le premier et dernier à ce jour dans cette maison depuis le temps de Dumaine – raconte ses vingt-cinq années passées auprès de la famille Loiseau. L'Alsacien

CONTI
MONOPOLE
1989
OMANÉE-CONTI

La cave que gère le chef sommelier exécutif Éric Goettelmann fait notamment la part belle à la Bourgogne.

que pour une seule raison : « Bernard Loiseau m'inspirait même avant de l'avoir rencontré. Je ne peux pas l'expliquer. Cela relevait de l'ordre de l'instinct. Je ne le connaissais qu'au travers de sa réputation et de ce que je pouvais en lire dans les journaux. La facilité aurait voulu que je travaille en Alsace, en Allemagne ou en Suisse, où les propositions mieux payées florissaient, mais c'est en Bourgogne, à Saulieu et chez Bernard Loiseau que je voulais être sommelier. » Éric Goettelmann est un esthète du vin. Il parle d'une bouteille comme il décrirait un tableau, évoque l'âme du vigneron qui est à sa source. Le lien charnel qu'il établit avec le breuvage est essentiel pour le plaisir de la dégustation. L'évidence dans le verre résonne avec l'évidence du goût dans l'assiette. « Ce n'est pas la parade des étiquettes qui m'intéresse. C'est ce que le vin

Alors Éric Goettelmann consacre beaucoup de temps dans les vignobles, pour repérer de nouveaux talents, selon ses critères, et avec la rigueur de l'esthète, l'humilité d'un moine en quête de l'essentiel : des vins qui respectent la planète, dans lesquels l'âme du vigneron peut se lire, des vins dont le goût vous transporte vers les plus hauts sommets sans prendre de chemins buissonniers. Le retour de Bérangère et de Blanche ramène, d'une certaine façon, le chef sommelier à ses débuts dans la maison. « Cela me transporte de joie de voir comment elles se battent pour faire vivre ce lieu incroyable et défendre la mémoire de leur père. Si je peux les aider dans leur entreprise, et parce que j'arrive à la fin de ma carrière, ce sera pour moi un ultime hommage que je pourrai rendre à Monsieur Loiseau. »

La Côte d'Or est réputée pour son service soucieux de l'excellence dans chaque détail, et resté chaleureux et authentique. L'atmosphère familiale explique pourquoi les clients apprécient une relation jamais compassée ou guindée.

Le restaurant depuis le jardin qu'a imaginé et conçu Dominique Loiseau, havre de paix permettant de servir notamment les déjeuners

Pascal Abernot, directeur du *Relais Bernard Loiseau*, dans les cuisines. Chaque détail compte à ce niveau d'exigence.

Il en va du service comme du vin et de la cuisine : la simplicité est le secret de l'excellence. Pascal Abernot l'incarne avec une classe naturelle, une douceur dans le regard, une nonchalance agréable dans le verbe, et une manière de se mouvoir et d'opérer chaque geste avec une élégance millimétrée. « Vous savez, quand j'ai passé mon entretien d'embauche il y a vingt-cinq ans, il y avait plus de curiosité que d'envie, car je n'aimais pas trop l'image que renvoyait Monsieur Loiseau à la télévision. Je trouvais qu'il en faisait trop. » Pascal Abernot n'a pas tardé à changer d'avis : « Il y avait sa bienveillance, son exigence, et surtout cette manière d'impliquer tout le monde dans le service. Il n'avait pas une vision pyramidale de l'organisation du travail : chacun pouvait avoir son mot à dire. Et en salle, du commis au maître d'hôtel, tout le monde pouvait parler avec les clients, ce qui n'est pas forcément

Le *Relais Bernard Loiseau* est une auberge, et la proximité avec le client est naturelle, qu'il soit connu ou inconnu. Le service est comme le goût dans l'assiette : puissant et sincère. Il n'est pas dans la démonstration, mais dans la proximité. Il n'est pas dans la prétention, mais dans l'authenticité. « Monsieur Loiseau ne venait jamais en salle, car il ne voulait pas perturber le service par sa présence. Il voyait les gens un peu avant, et surtout après, dans les salons », rappelle Pascal Abernot. Ce service à la Loiseau, qui consiste à traiter chaque client à la manière d'un ami, n'a pas changé en cinquante ans. Cette convivialité fait partie du patrimoine de la maison, et n'a jamais été aussi moderne.

ENTRÉES

Asperges de Mallemort, jaune d'œuf et poutargue

6 PERSONNES

ASPERGES
18 asperges de Mallemort (calibre +22)
1 poche de poutargue bien ferme
QS de fleurs de violette

CONDIMENT JAUNE D'ŒUF CONFIT
500 g de jaunes d'œufs
4 cl de vinaigre de Xérès
8 cl de verjus
120 g de moutarde fine Fallot

PURÉE D'ASPERGES
400 g de parures d'asperges
1 oignon
20 cl de fond blanc de volaille
200 g de crème
20 g de purée de pommes de terre
50 g de pousses d'épinards

PISTOLES DE PAIN DE MIE
2 tranches de pain de mie de 2 mm d'épaisseur
QS de beurre

ASPERGES – Écussonner les asperges puis les cuire 7 minutes dans une chauffante. Refroidir dans une eau glacée, tailler les asperges à 14 cm de long. Les badigeonner avec un peu d'huile puis les griller au barbecue japonais. Réserver.

CONDIMENT JAUNE D'ŒUF – Mélanger tous les éléments puis mettre sous vide. Cuire 1 heure dans un four vapeur à 62 °C. Réserver.

PURÉE D'ASPERGES – Faire suer l'oignon et les parures d'asperges, mouiller avec le fond blanc et la crème. Cuire durant 15 minutes. Ajouter la purée de pommes de terre et les pousses d'épinards. Mixer, rectifier l'assaisonnement. Refroidir et réserver en pipette.

PISTOLES DE PAIN DE MIE – Tailler à l'emporte-pièce des disques de 2 mm. Les cuire entre 2 plaques à pâtisserie et papier sulfurisé préalablement beurré pendant 8 minutes à 170 °C.

FINITION – Dresser les asperges grillées dans l'assiette, disposer harmonieusement la purée d'asperges, le condiment jaune d'œuf, des copeaux de poutargue puis terminer avec les pistoles et les fleurs de violette.

Foie chaud aux cerises, aneth et poivre de sansho rouge

6 PERSONNES

FOIE CHAUD POCHÉ AU JUS DE CERISE
6 escalopes de foie gras de canard de 80 g
1 l de jus de cerise réduit
5 cl de verjus
30 cl de jus de canard
3 g de baies de sansho rouge
Sel

PICKLES DE CERISE
150 g de cerises
15 cl d'eau
7,5 cl de vinaigre de cerise
10 g de sucre
2 branches d'aneth

CHUTNEY DE CERISES
400 g de cerises dénoyautées
150 g de sucre
2,5 cl de vinaigre de cerise
Aneth ciselé

GEL DE CERISE
25 cl de jus de cerise
5 cl de vinaigre de cerise
3 g d'agar-agar

COULIS D'ANETH
3 bottes d'aneth
500 g de pousses d'épinards
Sel

JUS DE CANARD AUX BAIES DE SANSHO ROUGE
2 kg de carcasses de canard
1 échalote
1 carotte
1 branche de thym
1 gousse d'ail
1 oignon blanc
3 g de baies de sansho rouge
1,5 cl de jus de cerise

FINITION
6 amandes décortiquées

FOIE CHAUD POCHÉ AU JUS DE CERISE – Chauffer le jus de cerise, le jus de canard et le verjus, écraser puis infuser les baies de sansho rouge. Poêler le foie gras d'un seul côté puis pocher l'autre face dans le jus de cerise. Passer le foie chaud au four 3 minutes à 150 °C au moment de l'envoi.

PICKLES DE CERISE – Dénoyauter délicatement les cerises, réserver les noyaux pour infuser dans la sauce. Dans une casserole, mélanger l'eau et le vinaigre, ajouter le sucre et l'aneth légèrement écrasé puis porter à ébullition.

CHUTNEY DE CERISES – Réaliser un caramel à sec avec le sucre, déglacer ensuite avec le vinaigre, ajouter les cerises et laisser compoter sur feu doux. Une fois le mélange refroidi, ajouter l'aneth ciselé et en farcir ensuite les pickles de cerises.

GEL DE CERISE – Mettre à bouillir tous les liquides, ajouter ensuite l'agar-agar, cuire 1 minute. Refroidir puis mixer afin d'obtenir un gel. Réserver en pipette.

COULIS D'ANETH – Porter à ébullition un grand volume d'eau salée, cuire les herbes 6 minutes puis refroidir aussitôt dans une glaçante. Égoutter puis mixer les herbes jusqu'à obtention d'un coulis lisse, rectifier l'assaisonnement. Réserver en pipette.

JUS DE CANARD AUX BAIES DE SANSHO ROUGE – Concasser en petits morceaux les carcasses de canard. Colorer vivement dans une cocotte, passer au four 30 minutes à 150 °C. Dégraisser la cocotte, tailler la garniture aromatique en mirepoix puis faire suer dans cette même cocotte. Rajouter les carcasses de canard puis faire suer à nouveau 5 minutes. Mouiller à l'eau à hauteur de 2 fois le volume de la carcasse, et cuire 2 heures à feu doux. Écumer régulièrement afin d'enlever les impuretés. Filtrer le jus obtenu au chinois étamine. Réduire à nouveau avec le jus de cerise et les baies de sansho. Rectifier l'assaisonnement puis réserver.

DRESSAGE – Sur l'assiette, disposer deux cerises en pickles farcies, ajouter une quenelle de chutney de cerise, mettre ensuite trois points de coulis d'aneth à côté de la garniture et un point de gel sur chaque cerise. Terminer en ajoutant les amandes taillées en bâtonnets sur les cerises et les pluches récupérées de l'aneth. Déposer le foie gras poêlé à côté et servir la sauce à part.

Homard grillé au binchotan, pressé de légumes et des pinces, vinaigrette et crème coraillée

4 PERSONNES

PRESSÉ DE LÉGUMES ET DE PINCES DE HOMARD
300 g de grands poireaux
200 g d'aubergines bien fermes et longues
200 g de grosses carottes
25 mini-poireaux crayons
200 g de courgettes
1 botte de basilic pourpre
1 botte de basilic vert
10 cl de bisque de homard
2 g d'agar-agar

PÉTALES DE TOMATES CONFITES
400 g de tomates Roma
10 cl d'huile de roucou
10 g de sucre
1 branche de thym
1 gousse d'ail émincée

HOMARD ET BISQUE
4 homards bretons de 500 g pièce
80 g d'échalotes
50 g de fenouil
1 branche de thym
10 g de concentré de tomates
5 cl de cognac
5 cl de vin blanc
1 branche d'estragon
1 citron jaune

VINAIGRETTE DE HOMARD
300 g d'échalotes ciselées
2 bottes de ciboulette
20 cl de bisque de homard
20 cl d'huile de roucou
15 cl de vinaigre de Xérès
5 g de fleur de sel
1 cl de sirop de tomate

CRÈME AU CORAIL ET AU CITRON
23 g de corail
1 cl de jus de citron jaune
2 g de curry rouge
20 cl de crème liquide
100 g de mascarpone
Sel, poivre blanc moulu

FINITION
QS de poudre de corail de homard
Petites fleurs et herbes pour décorer (oxalis rouge ou shiso rouge)

PRESSÉ DE LÉGUMES ET DE PINCES DE HOMARD – Se munir d'un cadre de 28 cm de longueur, 18 cm de largeur et 3,5 cm de hauteur. Chemiser de film plastique. Réserver. Couper dans la longueur les gros poireaux en ruban, effeuiller puis cuire à l'anglaise. Refroidir dans une glaçante puis les égoutter. Étaler les rubans de poireau sur une planche et gratter pour les rendre bien plats et lisses. Éplucher les aubergines et les tailler dans la longueur en tranches de 2,5 mm d'épaisseur à la machine à jambon ou à la mandoline japonaise. Tailler également les courgettes à 2,5 mm d'épaisseur. Éplucher et tailler à nouveau les carottes dans la longueur en tranches de 2 mm d'épaisseur. Poêler les aubergines et les courgettes des deux côtés puis débarrasser sur une plaque et refroidir aussitôt. Cuire les lamelles de carotte au four vapeur 10 minutes à 97 °C et refroidir également. Parer puis cuire les poireaux crayons à l'anglaise. Refroidir en glaçante aussitôt pour garder la couleur puis égoutter sur du papier absorbant et bien les sécher. Monder, épépiner les tomates, les assaisonner puis les mettre à confire dans un four sec à 70 °C, 0 % d'humidité, pendant 4 heures. Dans le cadre, disposer les rubans de poireau en faisant dépasser de chaque côté, puis les tranches d'aubergine et ensuite les pétales de tomates confites. Rajouter les tranches de courgette puis les pinces de homard coupées à plat. Couler en fine couche la bisque de homard collée à l'agar-agar puis rajouter les feuilles de basilic pourpre et vert. Continuer avec les autres légumes : mini-poireaux, carottes et terminer avec une couche d'aubergine. Refermer la terrine avec les lanières de poireau puis le film. Mettre la terrine dans une poche sous vide et mettre sous vide à fond. Laisser reposer une nuit.

BISQUE – Découper les carapaces de homard en morceaux. Tailler en mirepoix les échalotes et le fenouil épluchés et lavés. Faire sauter les carapaces dans un grand faitout jusqu'à ce qu'elles deviennent rouges. Ajouter les échalotes, le fenouil, le concentré de tomate et le thym. Faire flamber avec le cognac, verser le vin, le jus de citron et laisser réduire de moitié. Saler, poivrer, ajouter la branche d'estragon et faire cuire à découvert pendant 20 minutes. Récupérer les carapaces, les broyer à l'aide d'un pilon, remettre dans le faitout et cuire à nouveau pendant 20 minutes. Passer la bisque au chinois étamine en pressant fortement. Mixer puis passer au chinois étamine une nouvelle fois.

POUDRE DE CORAIL – Mettre le corail dans une boîte au micro-ondes 4 minutes. Puis mettre à sécher en étuve à 70 °C durant 1 nuit. Mixer ensuite le corail au Thermomix afin d'obtenir une poudre fine.

VINAIGRETTE HOMARD – Ciseler finement les échalotes et la ciboulette, dans un récipient mélanger le tout, rajouter la bisque de homard, l'huile de roucou et le sirop de tomate. Finir avec le vinaigre de Xérès et rectifier l'assaisonnement.

CRÈME AU CORAIL ET CITRON – Mixer le corail de homard, rajouter le jus de citron. Faire tiédir légèrement pour faire rougir le corail puis refroidir. Dans la cuve d'un batteur, mettre le corail, le curry rouge avec la crème et le mascarpone et monter afin d'obtenir une belle crème foisonnée et ferme. Rectifier l'assaisonnement avec le sel, le poivre et un trait de jus de citron. Réaliser les quenelles au moment de servir.

FINITION – Griller le homard au binchotan et passer au pinceau de l'huile de roucou à la surface. Tailler deux médaillons de homard grillé ainsi qu'une belle tranche de pressé de homard. Disposer la poudre de corail dans l'assiette puis les autres éléments. Servir à côté la crème de corail puis servir la vinaigrette en saucière à côté.

Huîtres et bœuf de Charolles

8 PERSONNES

CONSOMMÉ DE BŒUF
5 kg de mixte (plat-de-côtes, jarret, paleron et queue de bœuf)
8 l d'eau
1 oignon brûlé et clouté de 3 clous de girofle
1 branche de céleri
1 bouquet garni
80 g de carotte
80 g de navet

CLARIFICATION
40 g de carotte
40 g de céleri branche
40 g de tomate fraîche
1 vert de poireau
2 grains de poivre noir
6 huîtres creuses
1 botte de cerfeuil
300 g de basse côte de bœuf passée au hachoir
120 g de blanc d'œuf
QS de jus d'huître

CANNELLONI DE BŒUF DE CHAROLLES
1 kg de rumsteck de Charolles
500 g de gros sel
300 g de sucre cassonade
1 g de poivre blanc Sarawak
6 pièces de clou de girofle
3 g de poivre de cubèbe
400 g de bœuf taillé en petits cubes
15 g d'échalote ciselée
100 g d'huîtres hachées
10 g de ciboulette
QS de vinaigre de Xérès
QS d'huile d'olive
Sel et poivre

HUÎTRES GRILLÉES
24 huîtres n°00
QS d'huile d'olive

GLACE AUX HUÎTRES
400 g de crème
40 cl de lait
160 g de jaunes d'œufs
150 g de purée de céleri-rave
15 huîtres
5 g de Stab 2000
QS de jus d'huître
Sel

FINITION
1 barquette de feuilles d'huître
40 g de caviar Oscietre Kaviari

CONSOMMÉ DE BŒUF – Dans un rondeau, mettre les viandes de bœuf, l'eau froide, la carotte, le navet, l'oignon brûlé, le céleri et les aromates. Porter à ébullition, écumer régulièrement et laisser cuire à frémissement pendant 6 heures. Passer au chinois étamine le bouillon de bœuf et faire réduire de moitié. Puis refroidir afin que la graisse monte en surface. Dégraisser le bouillon puis entamer la clarification.

CLARIFICATION – Hacher finement les huîtres, les légumes et les aromates. Mélanger avec la chair de bœuf et les blancs d'œufs préalablement montés en neige. Verser progressivement les éléments de la clarification dans le bouillon froid. Porter doucement à ébullition en remuant régulièrement. Réduire l'intensité du feu et laisser cuire doucement pendant 1 heure. Au fur et à mesure que la cuisson avance, les éléments de la clarification vont coaguler et former un chapeau à la surface du bouillon. Former petit à petit un cratère au centre du chapeau. Le bouillon devient de plus en plus limpide. Une heure plus tard, passer délicatement le consommé au chinois étamine. Il est important de prélever le bouillon délicatement, sans abîmer le chapeau ayant servi à clarifier le bouillon. Assaisonner avec le jus d'huître puis réserver.

CANNELLONI DE BŒUF – Mettre en saumure le rumsteck dans le sel, le sucre et les épices broyées finement pendant 5 heures. Rincer à l'eau claire et sécher, congeler ensuite. Tailler le rumsteck en fines tranches de 3 mm à la machine à jambon. Puis tapisser un film alimentaire avec les tranches de bœuf en les faisant se chevaucher. Assaisonner le tartare de bœuf avec les huîtres hachées, l'échalote ciselée, la ciboulette, le vinaigre et l'huile d'olive, rectifier l'assaisonnement si besoin. Disposer le tartare sur les tranches de bœuf et les rouler en serrant bien. Refroidir 15 minutes en cellule de congélation puis tailler des tronçons de 4 cm de longueur. Réserver.

HUÎTRES GRILLÉES – Huiler légèrement les huîtres puis les griller sur un gril bien chaud. Réserver.

GLACE AUX HUÎTRES – Chauffer le lait et la crème et verser sur les jaunes d'œufs. Ajouter le reste des ingrédients puis mixer au Thermomix. Passer au chinois puis mettre en bol à Pacojet et congeler. Pacosser puis réserver.

FINITION – Mettre le consommé de bœuf bien chaud dans une théière. Réaliser une quenelle de glace aux huîtres et la dresser dans sa coquille bien froide. Dans l'assiette, disposer trois cannellonis de bœuf surmontés d'une feuille d'huître, déposer ensuite les huîtres grillées et terminer avec le caviar sur le dessus.

La rose de cèpes du Morvan, nuage de cardamome noire

6 PERSONNES

CÈPES
2 kg de beaux cèpes bien fermes
60 g d'échalotes ciselées
20 g de beurre
10 cl d'huile d'olive
1 gousse d'ail
1 branche de thym
10 cl de vin blanc aligoté
Sel
Poivre du moulin
10 g de ciboulette ciselée

GLACE AUX CÈPES
400 g de crème
40 cl de lait
160 g de jaune d'œuf
150 g de purée de cèpes
5 g de sucre
20 g de poudre de cèpes
3 ml d'huile de cèpes
3 g de fleur de sel
1 g de poudre de bourgeons de sapin du Morvan
5 g de Stab 2000

ÉMULSION DE CARDAMOME NOIRE
30 cl de lait entier
20 cl de crème liquide
5 g de cardamome vietnamienne

FINITION
5 cl d'huile de sapin
10 g de fleurs de cazette de Bourgogne

CÈPES – Brosser, nettoyer les cèpes puis séparer les chapeaux des pieds. Éplucher les pieds, réserver les pelures afin de réaliser un bouillon de cèpes. Tailler les pieds en fine brunoise puis réaliser une duxelles. Faire suer à l'huile d'olive les échalotes ciselées, ajouter une noix de beurre puis la brunoise de cèpes. Ajouter la gousse d'ail et le thym, faire suer 5 minutes puis déglacer au vin blanc. Rectifier l'assaisonnement puis terminer avec la ciboulette ciselée finement. Réserver. Tailler les chapeaux en lamelles de 3 mm d'épaisseur, les poêler vivement à l'huile d'olive puis monter les rosaces. Dans un cercle inox de 6 cm de diamètre, disposer la duxelles de cèpes puis dresser les lamelles en les chevauchant légèrement de façon concentrique.

GLACE AUX CÈPES – Chauffer le lait et la crème, réaliser un caramel avec le sucre puis déglacer avec le mélange crème et lait. Verser sur les jaunes d'œufs. Ajouter tous les autres ingrédients puis mixer. Rectifier l'assaisonnement. Passer au chinois puis mettre en bols à Pacojet toute la nuit au congélateur. Pacosser le lendemain avant d'envoyer.

ÉMULSION CARDAMOME NOIRE – Chauffer le lait et la crème, broyer la cardamome puis la faire infuser 30 minutes dans le mélange.

FINITION – Réchauffer la rose de cèpes au four 5 minutes à 150 °C, lustrer avec l'huile de sapin puis dresser dans une assiette. Ajouter le nuage de cardamome noire autour. Servir la glace aux cèpes dans un bol à côté avec un trait d'huile de sapin et un peu de fleur de cazette.

Les couteaux

4 PERSONNES

MOUSSELINE DE SAINT-JACQUES
6 noix de Saint-Jacques
1 blanc d'œuf
5 cl de crème liquide
1 main de Bouddha
Sel, poivre

COUTEAUX MARINIÈRE ET ÉMULSION
24 gros couteaux jumbo (800 g)
20 g de beurre
1 échalote ciselée
10 g de persil haché
1 bâton de citronnelle
10 cl de vin blanc
30 cl de crème liquide
2 g de sucro

COULIS VÉGÉTAL
500 g de pousses d'épinards
2 bottes de menthe aquatique
2 bottes de cerfeuil
Gros sel

FINITION
16 g de caviar Oscietre Kaviari

MOUSSELINE DE SAINT-JACQUES – Réaliser une farce mousseline avec les noix de Saint-Jacques, la crème et le blanc d'œuf. Râper un peu de zeste de main de Bouddha puis rectifier l'assaisonnement de la mousseline. Graisser 4 cercles de 6 cm de diamètre, pocher la mousseline, cuire au four vapeur à 70 °C 30 secondes. Refroidir et réserver au réfrigérateur.

COUTEAUX MARINIÈRE ET ÉMULSION – Faire suer la garniture aromatique, déglacer au vin blanc, ajouter les couteaux et les cuire en marinière pendant 1 minute. Débarrasser puis refroidir aussitôt les couteaux en gardant le jus. Chinoiser le jus puis le monter au beurre et à la crème. Ajouter le sucro et mixer l'émulsion marinière.

COULIS VÉGÉTAL – Cuire dans un chauffante les herbes, les refroidir aussitôt dans une glaçante. Égoutter puis mixer au Thermomix afin d'obtenir un coulis bien vert.

FINITION – Parer les pieds des couteaux et les tailler en biseau. Monter les couteaux en couronne dans les cercles en prenant soin de laisser au centre un espace pour déposer le caviar en comptant 4 g par personne. Dresser le coulis végétal dans une assiette, chauffer à 62 °C et disposer la couronne de couteaux sur le dessus et enfin l'émulsion marinière tout autour.

L'escargot sous sa feuille, ortie et écume d'ail

8 PERSONNES

ESCARGOTS
48 escargots petits-gris cuits au bouillon
40 g de beurre
200 g de pousses d'épinards
200 g de jeunes pousses d'ortie
½ botte de basilic
10 cl de bouillon d'escargot

COULIS D'ORTIE
2 kg de jeunes feuilles d'ortie
400 g de pousses d'épinards

ÉMULSION D'AIL
100 g de purée d'ail
40 cl de lait
10 cl de crème
2 g de sucro (émulsifiant)

TUILE D'ORTIE
150 g de beurre pommade
130 g de farine
60 g de blanc d'œuf
10 g de purée d'ortie
5 g de poudre d'ortie
Sel

FINITION
Feuilles d'Allymis violette
Feuilles d'ortie frites

ESCARGOTS – Faire égoutter sur un papier absorbant les escargots et les assaisonner. Dans une poêle, les faire sauter avec une noix de beurre. Ajouter les jeunes pousses d'épinards et d'ortie, ainsi que le basilic. Déglacer avec le bouillon d'escargot.

COULIS D'ORTIE – Laver et effeuiller l'ortie. Cuire 12 minutes les feuilles avec les pousses dans un grand volume d'eau bouillante salée à découvert. Au terme de la cuisson, égoutter dans une glaçante afin de fixer la chlorophylle. Presser fortement puis mixer au Thermomix avec un peu d'eau de cuisson. Passer au chinois le coulis obtenu. Débarrasser dans une casserole.

ÉMULSION D'AIL – Chauffer le lait et la crème, ajouter la purée d'ail et le sucro. Émulsionner le tout.

TUILE D'ORTIE – Faire ramollir le beurre et mélanger tous les ingrédients dans une calotte. Laisser reposer 2 heures et étaler l'appareil à tuile sur des moules en silicone. Faire cuire 5 minutes à 150 °C. Démouler délicatement.

DRESSAGE ET FINITION – Dresser le coulis d'ortie dans une assiette. Disposer dessus les escargots et la tombée de jeunes pousses. Poser la tuile sur le dessus puis l'émulsion d'ail. Terminer avec les fleurs.

Feuille à feuille de Saint-Jacques de plongée, chou-fleur et caviar

8 PERSONNES

SAINT-JACQUES
28 coquilles Saint-Jacques de plongée
32 g de caviar Kristal Kaviari
1 botte d'aneth
1 citron vert
2 cl d'huile d'olive
½ botte de ciboulette ciselée
Sel et poivre blanc du moulin

PURÉE DE CHOU-FLEUR
1 chou-fleur
1 blanc de poireau
30 g de beurre
20 cl de fond blanc de volaille
20 cl de crème liquide
5 cl de vodka

JUS DE BARBES DE SAINT-JACQUES
10 cl d'huile d'olive
2 échalotes ciselées
1 carotte en brunoise
15 g de champignons de Paris émincés
15 cl de vin de Chablis
3 cl de vinaigre de bonite
50 g de beurre
50 g de crème fraîche
1 citron vert
2 g d'épices Hanoï old Quarter
2 g de gingembre râpé
2 g de sucro (émulsifiant)

HUILE D'HERBES
½ botte d'aneth
1 botte de cerfeuil
2 bottes de persil
200 g de pousses d'épinards
1 l d'huile de pépins de raisin

SAINT-JACQUES – Ouvrir, décoquiller délicatement les noix de Saint-Jacques, détacher délicatement le nerf et les barbes en prenant soin de ne pas abîmer ces dernières car elles serviront à la réalisation du jus. Rincer à l'eau claire les noix, les égoutter sur un linge alimentaire. Passer les noix en cellule de refroidissement 10 minutes avant de les trancher à la machine à jambon en lamelles de 2,5 mm d'épaisseur. Répartir ces lamelles sur une plaque avec du papier guitare. À l'aide d'un emporte-pièce de 3 cm, détailler chaque lamelle en disque. Réserver les parures de noix de Saint-Jacques récupérées pour la farce.

PURÉE DE CHOU-FLEUR – Émincer le blanc de poireau, le faire suer au beurre. Ajouter les sommités de chou-fleur, mouiller avec le fond blanc et la crème à hauteur. Cuire le chou-fleur, l'égoutter dans une passoire en prenant soin de récupérer le liquide ou crème de cuisson. Faire réduire cette crème de cuisson avec de la vodka pour la corser. Mixer au Thermomix le chou-fleur et ajouter un peu de crème de cuisson pour obtenir une consistance de mousseline. Assaisonner.

JUS DE BARBES DE SAINT-JACQUES – Dans une cocotte, faire colorer fortement les barbes avec un filet d'huile d'olive. Ajouter la garniture aromatique, le gingembre râpé et la noix de beurre, poursuivre la coloration 5 minutes. Déglacer au vin blanc, réduire et mouiller à hauteur avec de l'eau. Cuire à frémissement 1 heure, filtrer le jus obtenu. Réduire à consistance, ajouter le vinaigre de bonite et les épices d'Hanoï. Émulsionner le tout avec la crème liquide et le sucro. Terminer avec le zeste d'un citron vert.

RAVIOLES – Réaliser un tartare avec les chutes de Saint-Jacques. Assaisonner avec sel, poivre, huile d'olive. Râper un peu de zeste de citron vert et de gingembre. Parsemer de ciboulette ciselée. En garnir les lamelles de Saint-Jacques pour en faire des ravioles.

HUILE D'HERBES – Faire chauffer l'huile à 70 °C. Équeuter, concasser les herbes et les disposer dans un Thermomix. Verser l'huile et mixer 10 minutes. Filtrer cette huile verte.

FINITION – Sur une assiette, dresser la purée de chou-fleur dans un cercle de 10 cm de diamètre sur une épaisseur de 4 mm en prenant soin de bien répartir de façon uniforme dans le cercle. Dresser sur cette purée les ravioles. Disposer sur chaque raviole un petit dôme de caviar. Tiédir le jus de barbes, l'émulsionner avec un mixeur plongeant et répartir ce jus tout autour des ravioles. Verser un peu d'huile d'herbes.

Tourteau de Roscoff rafraîchi à la menthe aquatique, gelée d'étrille et caviar Osciètre

6 PERSONNES

TOURTEAU
1 tourteau femelle d'environ 1 kg
2 g de poivre noir en grains
1 bâton de citronnelle
1 bouquet de queues de cerfeuil
Gros sel de mer

JUS D'ÉTRILLES
800 g d'étrilles
1 oignon de Roscoff
1 échalote émincée
1 tomate en dés
20 cl de vin blanc de Meursault
4 cl de vin de Pontarlier
100 g de beurre doux
1 citron
Huile d'olive

FINITION
1 botte de menthe aquatique
15 g de crème crue
1 zeste de citron vert
2 tours de moulin de poivre blanc
4 cl d'huile d'olive des Baux-de-Provence
30 g de caviar Oscière Kaviari
Brioche

TOURTEAU – Remplir un rondeau d'eau, ajouter le sel et les aromates en comptant 60 g de gros sel par litre d'eau. Porter l'eau à ébullition et cuire le tourteau 20 minutes. Au terme de la cuisson, décortiquer le tourteau, ôter méticuleusement dans la chair les coquilles ou cartilages. Récupérer également le crémeux dans la tête du tourteau.

JUS D'ÉTRILLES – Laver les étrilles. Les faire colorer à feu vif dans un rondeau avec un filet d'huile d'olive. Ajouter les garnitures aromatiques et une noix de beurre. Faire suer à nouveau pendant 10 minutes. Déglacer au vin blanc et au Pontarlier, laisser réduire. Mouiller avec de l'eau à hauteur et porter à ébullition. Laisser cuire à frémissement pendant 1 heure. À mi-cuisson, broyer les pinces et les carapaces des étrilles avec le pilon. À l'issue de la cuisson, passer le tout au chinois, en exprimant bien le jus des carapaces avec le pilon. Réduire le jus d'étrilles ainsi obtenu et y faire infuser les feuilles de menthe aquatique pendant 5 minutes. Coller le jus à l'agar-agar et couler dans des assiettes. Laisser refroidir.

FINITION – Assaisonner la chair de tourteau avec la menthe aquatique finement ciselée, le crémeux de tourteau, la crème crue, le zeste de citron vert, l'huile d'olive et 2 tours de moulin de poivre blanc. Dresser ensuite la chair de tourteau sur la gelée d'étrille, ajouter le caviar et servir avec de la brioche tiède.

POISSONS
& CRUSTACÉS

Langoustine du Guilvinec rôtie au beurre de bourgeons de sapin, morilles farcies des pinces, bisque au vin jaune

4 PERSONNES

LANGOUSTINE
2,5 kg de belles langoustines du Guilvinec

SORBET AUX BOURGEONS DE SAPIN

1re ÉTAPE DU SIROP
60 cl d'eau
1,8 g de super neutrose
73 g de sucre
40 g de Trimoline
64 g de glucose atomisé

2e ÉTAPE DU SIROP
40 g de blanc d'œuf
100 g de sucre
9 cl de jus de citron jaune ou de verjus
300 g de bourgeons de sapin frais hachés

FARCE DE LANGOUSTINE
10 cl de crème liquide
1 blanc d'œuf
5 g de bourgeons de sapin hachés

BISQUE DE TÊTES DE LANGOUSTINE
5 cl d'huile d'olive
20 g d'échalote émincée
20 g de fenouil
20 g de tomate fraîche en dés
10 g de beurre
5 g de concentré de tomates
10 cl de vin jaune

MORILLES
400 g de morilles fraîches
2 échalotes ciselées
15 cl de vin jaune
20 g de beurre
40 cl de fond blanc de volaille
10 g de bourgeons de sapin
10 g d'échalotes ciselées confites
Sel et poivre

LANGOUSTINES – Châtrer les langoustines, puis séparer les têtes des queues. Décortiquer délicatement les queues, réserver les têtes pour la réalisation de la bisque puis décortiquer les pinces afin de récupérer la chair.

SORBET AUX BOURGEONS DE SAPIN – Faire chauffer les ingrédients nécessaires à la première étape du sirop. Laisser refroidir. Ajouter ensuite les ingrédients de la seconde étape. Mixer le tout puis débarrasser dans des bols à Pacojet. Laisser maturer une nuit et passer en cellule de congélation. Pacosser au dernier moment le sorbet sapin.

FARCE DE LANGOUSTINE – Réaliser une farce mousseline avec la chair des pinces, la crème et le blanc d'œuf. Rajouter les bourgeons de sapin hachés puis débarrasser dans une poche à pâtisserie.

BISQUE DE TÊTES DE LANGOUSTINE – Concasser les têtes de langoustine puis dans une cocotte les colorer doucement avec un filet d'huile d'olive. Ajouter une noix de beurre puis les garnitures aromatiques. Faire suer à nouveau 5 minutes, déglacer au vin jaune puis mouiller à hauteur à l'eau. Cuire pendant 25 minutes puis filtrer au chinois étamine. Réduire la bisque, incorporer le vin jaune puis émulsionner avant de servir.

MORILLES – Laver les morilles à l'eau tiède dans une calotte, renouveler l'opération 4 fois afin de bien ôter le sable ou les résidus de terre dans les pores des morilles. Les égoutter soigneusement sur un papier absorbant, puis, dans une cocotte, faire suer les échalotes ciselées, ajouter les morilles, faire suer à nouveau et déglacer au vin jaune. Mouiller au fond blanc et cuire 40 minutes à feu doux. Décanter les morilles, filtrer le jus de cuisson, le faire réduire et réserver ce jus pour glacer les morilles farcies. Refroidir les morilles en cellule puis sélectionner les morilles les plus grosses. Les garnir de la mousseline de langoustine et les cuire au four vapeur sur une plaque 8 minutes à 95 °C. Glacer les morilles dans le jus de cuisson dans un sautoir avec une noix de beurre. Hacher les morilles restantes, ajouter les échalotes confites et les bourgeons de sapin hachés. Réserver cette duxelles pour le dressage.

PICKLES DE BOURGEONS DE SAPIN
60 g de bourgeons de sapin
20 cl d'eau
10 cl de vinaigre balsamique blanc
50 g de sucre
1 g de sel

BEURRE DE SAPIN
500 g de beurre
200 g de bourgeons de sapin concassés

FINITION
Huile d'olive

PICKLES DE BOURGEONS DE SAPIN – Porter à ébullition les liquides, ajouter les poudres puis mélanger. Hors du feu, mettre à infuser les bourgeons de sapin et réserver.

BEURRE DE SAPIN – Faire fondre le beurre. Ajouter les bourgeons de sapin concassés et laisser infuser 30 minutes. Filtrer.

FINITION – Dans une poêle chaude, saisir les queues de langoustine avec un filet d'huile d'olive. Ajouter le beurre de sapin et terminer la cuisson en arrosant délicatement les queues. Débarrasser sur une plaque. Réchauffer la farce aux morilles puis dresser dans une assiette. Disposer les morilles farcies sur le dessus. Déposer la queue de langoustine puis ajouter les pickles de bourgeons de sapin et la bisque au vin jaune. À côté servir dans un bol bien froid le sorbet avec des bourgeons de sapin frais.

Langoustine du Guilvinec rôtie au beurre de bourgeons de sapin, morilles farcies des pinces, bisque au vin jaune — RECETTE PAGES 136/137

Rouget, fleur de courgette farcie, courgette violon au basilic, jus d'arêtes à la berce du Morvan

6 PERSONNES

HUILE DE BERCE
50 cl d'huile de pépins de raisin
50 g de graines de berce

HUILE DE ROUCOU
15 pistils de safran de Piochy
80 g de graines de roucou
60 cl d'huile de pépins de raisin

ROUGETS
3 rougets de 500 g pièce
Huile de roucou

JUS D'ARÊTES DE ROUGET
Les arêtes des rougets
20 g d'oignon blanc émincé
15 g de fenouil émincé
20 g de blanc de poireau émincé
1 tomate fraîche en dés
10 g de concentré de tomates
1 gousse d'ail
8 pistils de safran de Piochy
1 g de graines de fenouil
1 branche de thym
2 feuilles de basilic
10 cl de vin de Pontarlier
10 g de berce du Morvan

FARCE COURGETTE ET FOIE DE ROUGET
400 g de courgettes violon
300 g de courgettes jaunes
2 feuilles de basilic pourpre
60 g de foie de rouget
50 g d'échalote ciselée
2 blancs d'œufs
6 pistils de safran de Piochy
1 pincée de piment d'Espelette
10 cl de Pontarlier
1 citron jaune

FLEURS DE COURGETTES
6 fleurs de courgettes femelles

PURÉE DE COURGETTES VIOLON
300 g de courgettes vertes
400 g de courgettes violon
1 filet d'huile d'olive
2 feuilles de basilic vert

FINITION
Graines de berce du Morvan
Fleurs de fenouil sauvage

HUILE DE BERCE – Concasser les graines de berce. Ajouter l'huile de pépins de raisin et faire cuire sous vide 4 heures à 75 °C.

HUILE DE ROUCOU – Rassembler les graines de roucou, le safran et l'huile dans une poche. Faire cuire sous vide 6 heures à 80 °C.

ROUGETS – Écailler et vider les rougets. Lever les filets. Réserver les arêtes et les foies pour la réalisation de la sauce et de la farce. Saisir doucement côté peau les filets avec un filet d'huile de roucou, puis réserver.

JUS D'ARÊTES DE ROUGET – Dans une cocotte, faire suer les garnitures aromatiques à l'huile d'olive. Ajouter les arêtes. Faire suer à nouveau 5 minutes. Ajouter le concentré de tomates. Déglacer au Pontarlier et mouiller à hauteur avec le fumet de rouget. Cuire 30 minutes tout en écumant régulièrement. Passer le jus obtenu au chinois et le faire réduire. Ajouter la berce du Morvan légèrement concassée, laisser infuser 2 minutes et filtrer à nouveau.

FARCE COURGETTE ET FOIE DE ROUGET – Tailler les courgettes jaunes et 400 g de courgettes violon en fine brunoise. Faire sauter à feu vif les échalotes ciselées et ajouter la brunoise de courgette. Faire sauter également les foies de rouget et déglacer au Pontarlier. Tailler les foies en brunoise et les ajouter à la brunoise de courgette. Mixer les parures de rouget avec les blancs d'œufs et le safran. Ajouter cette mousseline de rouget à la farce de courgette. Ajouter le basilic pourpre haché, râper un peu de zeste de citron jaune et le piment d'Espelette. Rectifier l'assaisonnement.

FLEURS DE COURGETTES – Faire blanchir les fleurs de courgettes et retirer les pistils. Garnir les fleurs délicatement avec la farce à l'aide d'une poche à pâtisserie. Refermer les fleurs et les poser sur une plaque légèrement huilée. Cuire au four vapeur 8 minutes à 95 °C. Les faire glacer dans une poêle avec un peu de jus de rouget réduit.

PURÉE DE COURGETTES VIOLON – Tailler dans la longueur 400 g de courgettes violon. Les cuire au four sec 30 minutes à 150 °C sur une plaque avec un filet d'huile d'olive. Cuire les courgettes vertes à l'anglaise. Les refroidir aussitôt dans une glaçante. Rassembler les courgettes violon et vertes, mixer le tout au Thermomix. Monter la purée à l'huile de berce. Ajouter quelques feuilles de basilic vert et rectifier l'assaisonnement.

FINITION – Faire réchauffer les fleurs de courgettes, les glacer avec un peu de jus de rouget. Finir la cuisson des filets de rouget à la salamandre et lustrer la peau avec l'huile de roucou. Dresser la purée de courgettes violon. Disposer dessus la fleur de courgette puis le filet de rouget. Compléter avec le jus d'arêtes et l'huile de berce du Morvan.

Saint-pierre aux feuilles de combawa, butternut confite, jus de courge à l'argousier

4 PERSONNES

SAINT-PIERRE
1 saint-pierre de 2 kg
5 feuilles de combawa
1 combawa
250 g de beurre demi-sel
3 g de fleur de sel
10 cl de vin blanc
10 g de champignons de Paris
1 branche de thym
1 blanc de poireau

GEL POTIMARRON ET ARGOUSIER
1 potimarron
1 courge butternut
5 cl de verjus
15 g de purée d'argousier
4 g d'agar-agar

HUILE DE FEUILLES DE COMBAWA
50 cl d'huile de pépins de raisin
30 g de feuilles de combawa

PALETS DE COURGE BUTTERNUT
1 courge butternut de 1,5 kg
1 feuille de combawa
Huile d'olive

ÉCAILLES DE POTIMARRON
1 potimarron

FARCE BUTTERNUT ET SAINT-PIERRE
1 citron confit
2 feuilles de combawa

ÉMULSION COURGES
Sucro

BOL DE BUTTERNUT
20 g de graines de courge torréfiées

SAINT-PIERRE - Lever les filets du saint-pierre. Retirer les peaux.
Pocher les filets dans un beurre infusé au combawa à 54 °C pendant 10 minutes. Réaliser un fumet avec les champignons de Paris émincés, le thym, le poireau, le vin blanc et les arêtes du saint-pierre. Y faire infuser les feuilles de combawa.
Réserver au chaud.

GEL POTIMARRON ARGOUSIER - Centrifuger le potimarron et la courge butternut épépinés épépinés et non épluchés afin d'en extraire le jus. Chauffer dans une casserole le jus, ajouter la purée d'argousier et le verjus. Porter à ébullition, ajouter l'agar-agar et cuire 1 minute à feu vif. Débarrasser sur une plaque et mettre à refroidir en cellule.
Mixer afin d'obtenir un gel et rectifier l'assaisonnement.

HUILE DE FEUILLES DE COMBAWA - Mettre l'huile de pépins de raisin et les feuilles de combawa préalablement broyées dans une poche sous vide. Faire cuire 3 heures à 70 °C.

PALETS DE COURGE BUTTERNUT CONFITS - Éplucher la courge butternut et tailler des palets cylindriques de 2,5 cm d'épaisseur et de 6,5 cm de diamètre. Snacker les palets dans une poêle avec un filet d'huile d'olive. Assaisonner et laisser refroidir. Cuire les palets sous vide avec 1 feuille de combawa pendant 15 minutes à 98 °C.

ÉCAILLES DE POTIMARRON - Laver puis tailler en fines tranches le potimarron à la trancheuse. Superposer les lamelles de potimarron en écailles et tailler à l'emporte-pièce de 6,5 cm.

FARCE BUTTERNUT ET SAINT PIERRE - Tailler en brunoise les parures de courge butternut et de saint-pierre. Faire sauter à feu vif le tout. Ajouter une fine julienne de feuille de combawa et des zestes de citron jaune confit. Rectifier l'assaisonnement. Lier la farce avec une cuillère à soupe de gel et réserver. Monter dans un cercle de 6,5 cm les palets et la farce. Ajouter les écailles de potimarron et terminer avec le gel.

ÉMULSION COURGES - Chauffer le jus de la butternut et du potimarron et la purée d'argousier. Ajouter 1 g de Sucro pour 100 g de jus. Émulsionner au Bamix et réserver au chaud.

BOL DE BUTTERNUT - Éplucher et tailler des rubans dans le reste de butternut à la dérouleuse à légume. Assaisonner et rouler les rubans. Les disposer dans des bols, ajouter le gel courge et les graines de courges torréfiées. Terminer avec un nuage d'émulsion.

FINITION - Faire chauffer au vapeur le gâteau de courge à 97 °C. Remettre en température les filets de saint-pierre dans le beurre de combawa à 54 °C et flasher légèrement à la salamandre. Disposer dans les assiettes les gâteaux de courge. Ajouter le gel courge ainsi que les graines de courge torréfiées. Dresser les filets de saint-pierre. Ajouter la julienne de feuilles de combawa. Compléter avec l'huile et le fumet de saint-pierre infusé.

Sole meunière contemporaine, coquillages et pomme iodée

6 PERSONNES

VIENNOISE
50 g de farine
50 g de poudre d'amandes
50 g de beurre

SOLE
1 sole de 1,5 kg
50 g de beurre
10 cl d'huile d'olive
200 g de farine
1 citron jaune

FUMET
40 cl de jus de marinière
10 g de chlorophylle de persil

COQUILLAGES MARINIÈRE
150 g de coques
250 g de couteaux XL
40 cl de fumet de sole
2 échalotes ciselées
1 bâton de citronnelle
20 g de fenouil en brunoise
15 cl de vin blanc
15 g de persil concassé

GARNITURES
150 g de pommes de terre grenailles bien rondes
20 g de laitue de mer
1 citron vert

FINITION
15 g de caviar Osciètre Kaviari
10 g de câpres surfines frites
1 b d'Allymis violette
10 g de pain de mie en croûtons
15 g de salicorne

VIENNOISE – Mélanger tous les ingrédients. Étaler le tout entre 2 bandes de papier sulfurisé. Mettre au congélateur.

SOLE – Habiller, peler les deux faces de la sole. Ébarber les côtés. Enlever proprement la tête. Assaisonner et fariner la sole. Démarrer la cuisson dans une poêle avec l'huile. Donner une belle couleur dorée sur les deux faces. Dégraisser la poêle, ajouter le beurre frais, monter en température afin de cuire la sole. Déglacer avec le jus du citron tout en arrosant la sole régulièrement. Sortir la sole de la poêle, lever les filets et reconstituer la sole. Lustrer l'intérieur des filets avec le beurre meunière avant de les recoller. Détailler des bandes de viennoise de 10 cm de long et de 1 cm de large. Les poser sur les filets de sole. Juste avant de servir, faire gratiner légèrement sous la salamandre ou le gril du four.

COQUILLAGES MARINIÈRE – Faire suer la garniture aromatique, déglacer avec le vin blanc et cuire les coquillages dans cette marinière. Décortiquer les coquillages une fois ouverts. Parer les pieds des couteaux. Réserver les coquillages et filtrer le jus de la marinière. Verser 1/3 du jus de la marinière dans le fumet de poisson. Utiliser le reste du jus pour réchauffer et glacer les pommes de terre.

FUMET – Réduire puis mettre au point le fumet de sole avec le beurre meunière et le citron. Ajouter au jus de marinière le chlorophylle de persil, mixer et servir avec la sole.

GARNITURES – Cuire les pommes de terre à l'anglaise. Les peler à chaud et les réserver dans le jus de marinière. Assaisonner la laitue de mer avec les zestes et le jus de citron vert.

FINITION – Réchauffer les soles, dresser dans l'assiette puis ajouter le caviar, la salicorne, l'Allymis violette, les câpres et les croûtons sur le dessus. Dresser à côté les pommes de terre avec les coquillages et la laitue de mer. Napper les pommes de terre avec le jus marinière réduit et la chlorophylle de persil. Terminer en versant le coulis sur les pommes de terre.

Truite de Crisenon confite au beurre de laurier, partition de champignons

6 PERSONNES

TRUITE
1,5 kg de truite de Crisenon
400 g de saumure (sel de mer et sucre roux)
1 botte de feuilles de laurier
500 g de beurre clarifié
40 cl de fumet de truite
1 citron jaune
10 g de beurre noisette

ROYALE DE CÈPES
400 g de purée de cèpes
5 cl de crème liquide
2 œufs
1 jaune d'œuf

PURÉE DE GIROLLES
500 g de girolles
1 échalote ciselée
5 cl d'huile d'olive
10 g de beurre
1 gousse d'ail
10 cl de bourgogne aligoté
20 cl de fond blanc de volaille

PICKLES DE PLEUROTES
100 g de pleurotes
30 cl de vinaigre
25 cl d'eau
15 g de sucre roux
1 g de cardamome noire

PÂTE BRISÉE AUX CHAMPIGNONS
250 g de farine T55
125 g de beurre
10 g de poudre de champignons
1 jaune d'œuf
5 cl d'eau froide
Fleur de sel

RÉDUCTION DE CHAMPIGNONS
1 kg de champignons
3 g d'agar-agar

POUDRE DE CHAMPIGNON FUMÉE
1 kg de champignons bruns

FINITION
200 g de champignons bruns
20 g de beurre
5 cl d'huile d'olive
½ botte d'aneth
20 g d'œufs de truite

TRUITE – Lever puis désarêter les filets de truite. Les mettre à mariner pendant 8 minutes dans la saumure sèche. Rincer puis laisser reposer 8 heures au réfrigérateur. Broyer les feuilles de laurier, les mettre à infuser dans le beurre clarifié pendant 1 heure. Filtrer le beurre, disposer les truites dans le beurre à 50 °C dans un bain-marie pendant 8 minutes. Mettre à infuser 2 feuilles de laurier dans le fumet de truite, ajouter le beurre noisette et un trait de jus de citron jaune.

ROYALE DE CÈPES – Mélanger la purée de cèpes avec la crème, les œufs et le jaune d'œuf. Couler dans une plaque japonaise. Cuire au four vapeur 15 minutes à 98 °C, refroidir puis détailler à l'emporte-pièce. Réserver.

PURÉE DE GIROLLES – Faire suer les échalotes à l'huile d'olive et au beurre. Ajouter les girolles et la gousse d'ail et cuire pendant 5 minutes. Déglacer au vin blanc, réduire et mouiller au fond blanc. Rectifier l'assaisonnement, mixer au Thermomix afin d'obtenir une mousseline de girolles. Réserver.

PICKLES DE PLEUROTES – Faire chauffer le vinaigre avec l'eau et le sucre. Ajouter la cardamome noire et verser sur les pleurotes.

PÂTE BRISÉE AUX CHAMPIGNONS – Réaliser une pâte brisée avec les ingrédients. Laisser reposer une nuit. Étaler, détailler la pâte et cuire au four pendant 25 minutes à 160 °C.

RÉDUCTION DE CHAMPIGNONS – Émincer les champignons et les mettre dans un rondeau avec de l'eau à hauteur. Faire cuire 40 minutes. Filtrer et réduire le bouillon, coller à l'agar-agar. Réserver ce concentré de champignon en pipette.

POUDRE DE CHAMPIGNON FUMÉE – Émincer et faire sécher les champignons au four ventilé pendant 6 heures à 70 °C et 0 % d'humidité. Fumer les champignons au Big Green Egg et mixer au Thermomix afin d'obtenir une poudre.

FINITION – Faire revenir à l'huile d'olive et au beurre 100 g de champignons bruns émincés. Tailler les 100 g de champignons bruns restants à la mandoline pour constituer des corolles. Dresser sur la pâte la royale de cèpes, disposer sur le dessus les champignons bruns sautés avec à côté la mousseline de girolles, puis les pickles et les corolles. Rajouter la truite confite, les œufs de truite et le fumet au laurier. Finir avec la réduction de champignons, la poudre fumée et l'aneth.

Barbue maturée au beurre de mélisse, navet de Tokyo, petits pois, sabayon à la citronnelle

6 PERSONNES

1 barbue de 3,5 kg
500 g de sel
150 g de sucre roux

PUREE DE PETITS POIS
40 cl de crème liquide
1,5 kg de petits pois
1 botte de jeunes feuilles de mélisse

RAGOÛT DE PETITS POIS
1 échalote

NAVETS FARCIS
12 mini-navets ronds de Tokyo

SABAYON CITRONNELLE
1 botte de citronnelle bâton
200 g de beurre
40 cl de fumet de poisson
150 g de jaune d'œuf

FINITION
10 cl d'huile de mélisse
Pousses de petits pois
Fleurs d'Allymis violette
Condiment citron jaune
1 barquette de melissa cress

BARBUE – Lever les filets de la barbue et ôter les peaux. Mettre les filets dans le mélange à base de sel et de sucre (saumure) 10 minutes. Les rincer, les faire sécher délicatement et les réserver sur grille au réfrigérateur pendant 2 heures. Disposer les filets tête-bêche. Entre ceux-ci, tapisser l'intérieur de feuilles de mélisse. Râper le zeste d'un citron jaune puis envelopper les filets dans un film alimentaire. Serrer fortement afin de bien coller les deux parties. Cuire au four vapeur 12 minutes à 68 °C.

PURÉE DE PETITS POIS – Écosser et faire cuire les petits pois à l'anglaise. Réserver un tiers pour le ragoût et mixer le reste avec la crème liquide et quelques feuilles de mélisse.

RAGOÛT DE PETITS POIS – Faire suer l'échalote ciselée, ajouter les petits pois légèrement concassés et la mélisse finement ciselée. Incorporer une cuillère à café de purée de petits pois pour lier le tout et réserver dans une poche à pâtisserie.

NAVETS FARCIS – Faire cuire les mini-navets à l'anglaise. Les faire refroidir aussitôt. Éplucher la fine pellicule de peau des navets puis évider leur centre à l'aide d'une cuillère à pomme parisienne. Farcir les navets avec le ragoût de petit pois et recouvrir avec une lamelle de navet. Disposer une pointe de purée de petits pois sur chaque navet.

SABAYON CITRONNELLE – Broyer la citronnelle bâton et mettre à infuser dans le beurre. Réaliser un sabayon en faisant chauffer doucement les jaunes d'œufs avec 10 cl de fumet de poisson réduit. Émulsionner énergiquement jusqu'à ce que le mélange devienne mousseux. Hors du feu, terminer votre sabayon avec le beurre infusé à la citronnelle. Râper un zeste de citron jaune, rectifier l'assaisonnement et réserver au chaud.

FINITION – Réchauffer les navets farcis dans le fumet de poisson avec quelques feuilles de mélisse. Les égoutter et les disposer dans l'assiette. Ajouter le ragoût de petits pois entre ceux-ci. Disposer des fleurs d'Allymis, le melissa cress et les pousses de petits pois en finition. Tailler un tronçon de barbue, lustrer avec le fumet et l'huile de mélisse. Disposer harmonieusement dans l'assiette et servir le sabayon à la citronnelle à côté avec le condiment citron jaune.

Lotte rôtie, chou pointu et curcuma

8 PERSONNES

JAMBON DE LOTTE
1 filet de lotte
500 g de gros sel
300 g de sucre roux
15 g d'épices Hanoï
13 g de poudre d'herbes du Morvan
5 g de poudre de curcuma

FUMET
20 g de blanc de poireau
1 branche de thym
1 échalote
80 g de champignons de Paris
15 cl de vin blanc
15 cl d'huile d'olive

CHOU LACTO-FERMENTÉ
1 kg de feuilles de chou pointu
5 g de gros sel
2 g d'épices Hanoï

LOTTE RÔTIE
1 queue de lotte de 3 kg
500 g de gros sel
300 g de sucre cassonade
20 g de curcuma frais
1 g d'épices Hanoï
QS de beurre

BOUILLON DE CHOU BRÛLÉ
3 choux pointus
Eau
QS de blancs d'œufs

JAMBON DE LOTTE – Réaliser la saumure sèche avec le sel et le sucre roux, mettre le filet de lotte dans ce mélange toute une nuit. Au bout de ce temps, le rincer à l'eau claire et le faire sécher. Rouler le filet dans le mélange d'épices et d'herbes du Morvan. Laisser sécher 6 jours en cave de maturation de poisson. Au terme du séchage, tailler de fines tranches et les réserver.

FUMET – Faire suer la garniture aromatique à l'huile d'olive. Ajouter les os et les peaux récupérés sur la lotte et faire suer à nouveau 5 minutes. Déglacer avec le vin blanc, réduire de moitié. Mouiller à hauteur avec de l'eau, porter à ébullition et cuire à frémissement 20 minutes. Filtrer avant utilisation.

CHOU LACTO-FERMENTÉ – Mélanger tous les éléments dans une calotte puis mettre dans des bocaux et les fermer hermétiquement. Laisser fermenter de 7 à 10 jours. Tailler en morceaux de 3 cm et réserver.

LOTTE RÔTIE – Lever les filets de lotte, peler les peaux puis parer les aponévroses en surface afin d'obtenir deux filets bien blancs. Réserver. Faire infuser le curcuma frais dans le fumet chaud. Réserver au chaud. Réaliser une saumure avec le sel et le sucre cassonade, mettre les filets de lotte dans le mélange pendant 12 minutes. Rincer ensuite les filets à l'eau claire et les faire sécher. Rouler les filets dans les épices Hanoï et les envelopper dans du film alimentaire. Laisser reposer pendant 6 heures au réfrigérateur. Les faire ensuite rôtir au beurre. Réserver les parures de lotte pour mettre dans la farce des ravioles végétales.

BOUILLON DE CHOU BRÛLÉ – Faire griller les feuilles de chou au barbecue japonais. Les débarrasser dans un rondeau et mouiller à l'eau à hauteur. Cuire à frémissement pendant 8 heures. Passer au chinois étamine, mettre à réduire et faire refroidir le bouillon. Clarifier ce bouillon avec les blancs d'œufs.

RAVIOLES DE CHOU POINTU
8 feuilles vertes de chou pointu
1 chou pointu
5 g de ciboulette ciselée
15 g de beurre
1 g d'épices Hanoï
Parures de lotte cuite effilochée

CHOUX KALE FRITS
200 g de mini-choux kale verts
200 g de mini-choux kale pourpres
Huile de friture
Sel

PISTOLES DE CHOUX-RAVES
200 g de tranches de choux-raves de 2,2 mm d'épaisseur
Sel, piment d'Espelette et huile d'olive

FINITION
Allymis blanche et oxalis pourpre

RAVIOLES DE CHOU POINTU – Blanchir les feuilles de chou pointu dans une chauffante, les refroidir dans une glaçante et les égoutter. Émincer finement le chou, le faire suer au beurre pendant 10 minutes. Débarrasser dans une calotte, mélanger avec les épices Hanoï, la ciboulette et les parures de lotte. Tailler à l'emporte-pièce des disques de feuille de chou pointu de 8 cm de diamètre. Garnir avec la farce et refermer ensuite pour former une raviole.

CHOUX KALE FRITS – Faire frire les choux kale dans une huile à 150 °C. Égoutter sur du papier absorbant, assaisonner et réserver.

PISTOLES DE CHOUX-RAVES – Tailler avec un petit emporte-pièce des cercles de chou-rave. Les faire mariner ensuite avec l'huile d'olive, le sel et le piment d'Espelette. Réserver.

FINITION – Dresser dans un bol en alternant le chou lacto-fermenté, le jambon de lotte et le chou kale frit. Finir avec l'oxalis et l'allymis. Servir le bouillon de chou en théière. Dans l'assiette, déposer une raviole de chou pointu lustrée, ajouter ensuite les pistoles de chou-rave et les finitions. Déposer la lotte rôtie dans l'assiette et servir le fumet de lotte au curcuma en saucière.

Lotte rôtie, chou pointu et curcuma — RECETTE PAGES 150/151

Turbot rôti, compression de chou pointu, fumet à la laitue de mer

6 PERSONNES

TURBOT
6 tronçons de turbot de 200 g pièce
30 g de beurre
10 cl d'huile d'olive

COULIS DE CRESSON
5 kg de cresson
10 cl de jus de marinière

FUMET DE TURBOT
5 g de poudre de laitue de mer
2 kg d'arêtes de turbot
40 g de blanc de poireau
40 g de champignons de paris
30 g de fenouil
1 branche de thym
15 cl de vin blanc
Sel, poivre

COQUILLAGES MARINIÈRE
100 g de coques
100 g de couteaux
1 échalote ciselée
1 bâton de citronnelle
10 g de fenouil en brunoise
15 cl de vin blanc
15 g de persil concassé

FARCE FINE DE TURBOT
60 g de parures de turbot
10 cl de crème liquide
10 g de blanc d'œuf
1 citron vert

EMBEURRÉE DE CHOU IODÉE
1 chou pointu
50 g d'échalotes
30 g de laitue de mer
½ botte de cresson
15 cl de jus de coquillages

COMPRESSION DE CHOU
1 chou pointu
200 g de pommes de terre

COULIS DE CRESSON – Effeuiller puis cuire à l'anglaise les feuilles de cresson. Les laisser refroidir et les mixer avec le jus de marinière. Passer au chinois le coulis ainsi obtenu et réserver au frais.

FUMET DE TURBOT – Réaliser un fumet avec les arêtes de turbot préalablement dégorgées et les garnitures aromatiques. Réduire à consistance, ajouter la laitue de mer et 1 c. à café de coulis de cresson. Mixer le tout au Thermomix.

COQUILLAGES MARINIÈRE – Faire suer la garniture aromatique, déglacer au vin blanc puis cuire les coquillages en marinière. Décortiquer les coquillages une fois ouverts et parer le pied des couteaux. Réserver les coquillages et filtrer le jus de la marinière.

FARCE FINE DE TURBOT – Réaliser une farce fine avec les parures de turbot, la crème et les blancs d'œufs. Zester un peu de citron vert et rectifier l'assaisonnement.

EMBEURRÉE DE CHOU IODÉE – Émincer le chou et les échalotes. Les faire suer au beurre dans une cocotte et déglacer avec 10 cl de jus de marinière. Laisser compoter doucement, ajouter la laitue de mer et le cresson légèrement concassé. Laisser refroidir puis mélanger la fondue de chou avec la farce fine de turbot. Réserver au frais.

COMPRESSION DE CHOU – Cuire à l'anglaise les feuilles de chou. Au terme de la cuisson, les faire refroidir afin de fixer la chlorophylle. Égoutter les feuilles de chou sur un papier absorbant, les aplanir à l'aide d'un rouleau à pâtisserie. Sur une plaque à rebords, commencer votre montage par le chou puis les lamelles de pomme de terre et enfin l'embeurrée. Répéter plusieurs fois l'opération jusqu'à atteindre le rebord de la plaque. Bien combler les trous entre chaque couche et bien presser afin d'obtenir un montage stable à la découpe. Mettre sous presse pendant 1 heure au frigo.

DRESSAGE – Assaisonner puis saisir les tronçons de turbot côté peau dans un sautoir avec un filet d'huile d'olive. Ajouter une noix de beurre, arroser régulièrement afin de nourrir le turbot. Débarrasser sur grille et finir la cuisson 5 minutes au four à 140 °C. Laisser reposer 5 minutes avant de servir. Découper et cuire au four vapeur la compression de chou pendant 8 minutes à 92 °C. Dresser la compression de chou dans l'assiette et le coulis de cresson. Disposer le turbot et le fumet harmonieusement et terminer avec les coquillages.

Langoustines de Loctudy au poivre de verveine, fenouil primeur, consommé des têtes

6 PERSONNES

LANGOUSTINES
9 grosses langoustines
1 citron jaune
6 cl d'huile d'olive
140 g de gros sel de mer
50 g de sucre roux
1 citron jaune bio

BISQUE DE TÊTES DE LANGOUSTINES
5 cl d'huile d'olive
20 g d'échalote émincée
20 g de fenouil émincé
20 g de tomate fraîche en dés
10 g de beurre
5 g de concentré de tomates
5 cl de cognac
5 cl de vin blanc
2 g de poivre de verveine

CONSOMMÉ DE LANGOUSTINES
1 bâton de citronnelle
1 carotte
15 g de gingembre
1 tomate
15 cl de vin blanc
2 g de poivre de verveine

FENOUIL PRIMEUR
8 mini-fenouils primeur
Huile d'olive
Beurre
Sel et poivre

PURÉE DE FENOUIL
1 kg de fenouil émincé
½ oignon blanc émincé
6 cl de Pontarlier
50 cl de crème liquide
4 g de jus de yuzu

FINITION
10 g de beurre
5 cl d'huile de roucou
½ botte d'aneth
30 g de caviar Beluga Kaviari

LANGOUSTINES – Décortiquer, châtrer les langoustines en prenant soin de laisser la carapace sur le bout des queues de 6 langoustines. Réserver celles-ci. Conserver les têtes pour la bisque et le consommé. Décortiquer entièrement les trois autres langoustines. Les mettre à mariner 4 minutes dans le mélange de sel et de sucre. Rincer les queues puis les égoutter sur un papier absorbant. Tailler en 4 médaillons les langoustines puis râper le zeste de citron sur le dessus.

BISQUE DE TÊTES DE LANGOUSTINES – Concasser les têtes de langoustines. Les disposer dans une cocotte avec un filet d'huile d'olive. Faire colorer doucement. Ajouter une noix de beurre et les garnitures aromatiques. Faire suer à nouveau 5 minutes, déglacer au cognac et au vin blanc. Faire réduire et mouiller à hauteur d'eau. Cuire pendant 25 minutes. Filtrer au chinois étamine. Faire réduire la bisque, ajouter le poivre de verveine et laisser infuser 6 minutes. Passer au chinois avant de servir.

CONSOMMÉ DE LANGOUSTINES – Broyer les têtes et les pinces de langoustines. Hacher la citronnelle, la carotte et le gingembre. Mélanger le tout et disposer dans un rondeau. Mouiller avec du vin blanc et de l'eau à hauteur. Ajouter la tomate en morceaux et le poivre de verveine concassé. Cuire à frémissement pendant 1 heure dans une casserole. Puis ajouter la garniture aromatique, et cuire à feu doux pendant 2 heures en écumant régulièrement. Filtrer dans un superbag et réduire le consommé. Refroidir puis servir bien frais en théière.

FENOUIL PRIMEUR – Cuire 6 fenouils à l'anglaise pendant 8 minutes dans une chauffante. Refroidir aussitôt dans une glaçante et égoutter. Parer les fenouils et les faire colorer légèrement dans une poêle avec de l'huile d'olive. Déglacer au consommé de langoustine et incorporer une noix de beurre. Glacer les fenouils avant de dresser. Avec les 2 fenouils restants, les passer à la mandoline. Les assaisonner avec un filet d'huile d'olive, sel et poivre.

PURÉE DE FENOUIL – Faire suer les oignons et les fenouils dans une cocotte. Déglacer au Pontarlier et au jus de yuzu et faire réduire. Mouiller à la crème et cuire pendant 30 minutes. Mixer et passer au chinois la purée de fenouil. Rectifier l'assaisonnement.

FINITION – Saisir dans une poêle les queues de langoustines avec le beurre et l'huile de roucou. Dresser 1 langoustine dans l'assiette, disposer les mini-fenouils glacés. Dresser également la purée de fenouil et les médaillons marinés. Servir le consommé frais à part ainsi que la salade de mini-fenouils accompagnés de caviar et de pluches d'aneth.

VIANDES
& VOLAILLES

Bœuf de Charolles, pomme de terre d'Époisses, jus au regain

8 PERSONNES

FILET DE BŒUF DE CHAROLLES

8 tournedos de bœuf de Charolles de 140 g pièce
20 g de graisse de canard
30 g de beurre
Sel et poivre

JUS DE BŒUF AU REGAIN

1 kg de poitrine de bœuf découpée en cubes
5 l d'eau
1 pied de veau fendu en deux
15 g de beurre
20 g de regain ou de foin fraîchement coupé et séché
Sel et poivre

POMME PAILLE

400 g de grosses pommes de terre d'Époisses

GAUFRE DE POMME DE TERRE

150 g de pulpe de pomme de terre d'Époisses cuite au four
2 blancs d'œufs
90 g de mix tempura
30 g de crème liquide
30 g de beurre au regain
70 g de jus de bœuf
Sel et poivre

SIPHON POMME DE TERRE FUMÉ

700 g de pulpe de pomme de terre d'Époisses
350 g de crème fumée
35 cl de lait fumé
15 cl de fond blanc
Sel et poivre

TARTARE DE BŒUF

400 g de bœuf taillé en petits cubes
15 g d'échalote ciselée
10 g de ciboulette
5 g de moutarde à l'ancienne Fallot
4 cl de vinaigre de Xérès
1 jaune d'œuf
6 cl d'huile d'olive
Sel et poivre

FILET DE BŒUF DE CHAROLLES – Assaisonner le bœuf, puis le colorer dans la graisse de canard. Terminer la cuisson en l'arrosant au beurre. Laisser reposer puis tailler en trois morceaux

JUS DE BŒUF AU REGAIN – Colorer dans une cocotte les morceaux de poitrine de bœuf jusqu'à obtenir une belle coloration. Décanter puis dégraisser la cocotte. Rajouter une noix de beurre, faire revenir à nouveau. Mouiller avec l'eau et ajouter le pied de veau. Laisser cuire 5 heures, passer au chinois, refroidir et dégraisser. Faire réduire jusqu'à obtention d'un jus bien nappant, ajouter le regain puis laisser infuser 10 minutes. Rectifier l'assaisonnement puis réserver au chaud.

POMME PAILLE – Éplucher, tailler en fine julienne à la mandoline les pommes de terre. Les rincer 4 fois à l'eau froide pour enlever la fécule. Égoutter puis les éponger. Frire à 140 °C jusqu'à ce qu'elles soient blondes et croustillantes.

GAUFRE DE POMME DE TERRE – Mélanger tous les éléments dans un cul-de-poule et assaisonner. Puis cuire la préparation dans une machine à panini selon la grosseur voulue. Réserver.

SIPHON POMME DE TERRE FUMÉ – Chauffer le lait, la crème fumée et le fond blanc. Rassembler le tout avec la pulpe de pomme de terre dans la cuve d'un Thermomix puis mixer pendant 6 minutes à 80 °C en vitesse 5. Passer au chinois étamine, réserver dans un siphon avec 2 cartouches de gaz.

TARTARE DE BŒUF – Assaisonner le tartare de bœuf avec l'échalote ciselée, la ciboulette, le vinaigre, l'huile d'olive, la moutarde à l'ancienne et le jaune d'œuf. Rectifier l'assaisonnement si besoin.

BEURRE DE REGAIN
500 g de beurre
200 g de regain

POMME ANNA
1 kg de pommes de terre d'Époisses
400 g de beurre de foin
Sel et poivre

FINITION
400 g de pomme paille
200 g de jambon de bœuf
3 pousses de pimprenelle

BEURRE DE REGAIN – Dans une casserole, mettre le beurre et le regain et faire cuire à feu doux pendant 10 minutes. Filmer et laisser infuser 20 minutes avant de passer au chinois étamine en décantant le beurre. Réserver.

POMME ANNA – Éplucher puis tailler les pommes de terre finement à la mandoline à 2 mm d'épaisseur. Les mélanger avec le beurre de foin, le sel et le poivre. Dans une plaque à rebord, monter votre gâteau de pomme Anna en superposant les tranches de pomme de terre et en les pressant en même temps afin d'obtenir un montage bien compact. Cuire le gâteau de pomme Anna sous presse à 150 °C pendant 1 heure. Laisser refroidir une nuit avec un poids par-dessus. Le lendemain, tailler des rectangles de pomme Anna puis les colorer au beurre de foin sur les deux faces. Passer 5 minutes au four avant de servir.

FINITION – Sur la pomme Anna, dresser un trait de tartare de bœuf et trois pousses de pimprenelle. Sur la gaufre de pomme de terre, déposer le jambon de bœuf. Dans un bol à part, mettre le siphon pomme de terre fumé ainsi que les pommes paille et un peu de poudre de pomme de terre séchée. Dans l'assiette, disposer le bœuf taillé en trois et servir la sauce à part.

Bœuf de Charolles, pomme de terre d'Époisses, jus au regain — RECETTE PAGES 160/161

Pigeon rôti au beurre de cacao, butternut confite, jus de carcasse au poivre maniguette

4 PERSONNES

2 pigeons de 600 g pièce
2 g de poivre maniguette
60 cl de fond blanc de volaille
1 gousse d'ail
1 échalote ciselée
Sel
QS de beurre
15 cl d'huile d'olive

BEURRE DE GRUÉ DE CACAO

500 g de beurre
150 g de grué de cacao

FARCE À GRATIN

2 échalotes
60 g de lard gras
2 cl de cognac
Thym
Sel et poivre

BUTTERNUT CONFITE AU GRUÉ DE CACAO

2 butternuts
Huile d'olive

PURÉE DE POTIMARRONS

2 potimarrons

PICKLES DE BUTTERNUT

16 cl d'eau
8 cl de vinaigre balsamique blanc
2 cl de verjus
15 g de sucre

FINITION

1 barquette de fleurs de violette odorante
15 g de graines de courge torréfiées
Grué de cacao
Poivre maniguette
Fleur de sel

PIGEON – LA VEILLE – Flamber puis vider les pigeons, récupérer les foies et les cœurs pour la réalisation de la farce à gratin. Déjointer les cuisses des pigeons, assaisonner de sel et de poivre maniguette moulu. Cuire sous vide 2 heures à 68 °C. Réserver le dos des pigeons pour la réalisation du jus. Tailler les coffres des pigeons en bateau. Manchonner les ailes. Tremper les coffres dans le beurre clarifié au grué de cacao à 20 °C. Répéter l'opération 3 fois afin d'isoler hermétiquement la chair des coffres de pigeon et aussi de leur donner le parfum du cacao. Réserver sur grille au réfrigérateur et laisser maturer 24 heures.

PIGEON – LE JOUR MÊME – Concasser les carcasses de pigeon, les faire rôtir dans une cocotte avec l'huile d'olive. Dégraisser la cocotte, ajouter l'échalote, l'ail et le beurre et faire rôtir à nouveau 10 minutes. Mouiller au fond blanc et cuire à feu doux pendant 1 heure. Passer au chinois le jus de pigeon, ajouter le poivre maniguette concassé et laisser infuser 5 minutes hors du feu. Sortir les coffres de pigeon de leurs enveloppes de beurre, les saisir dans une poêle. Rôtir doucement afin d'avoir une belle coloration uniforme puis finir la cuisson au four 8 minutes à 160 °C. Laisser reposer sur grille avant de lever les suprêmes.

BEURRE DE GRUÉ DE CACAO – Chauffer le beurre et le clarifier dans une sauteuse. Concasser le grué de cacao, le chauffer dans une plaque au four. L'ajouter dans le beurre clarifié et laisser infuser hors du feu pendant 2 heures. Passer au chinois.

FARCE À GRATIN – Tailler le lard gras en dés et les faire fondre dans une cocotte. Ciseler les échalotes, les ajouter dans la cocotte et faire confire pendant 10 minutes à feu doux. Ajouter les foies de pigeon (et les cœurs), saisir vivement afin de les garder encore rosés. Flamber au cognac, ajouter le thym et assaisonner le tout. Mixer la farce, passer au tamis. Réserver dans une poche à pâtisserie.

BUTTERNUT CONFITE AU GRUÉ DE CACAO – Éplucher puis tailler 2 palets de butternut de 2,5 cm d'épaisseur et 6 cm de diamètre. Réserver le reste de la butternut pour les pickles. Assaisonner puis saisir les palets dans une poêle avec un filet d'huile d'olive. Cuire les palets sous vide avec 10 g de beurre de grué de cacao 15 minutes à 98 °C. Tailler les butternuts en triangles puis percer leur centre avec un tube inox de 5 mm de diamètre. Garnir avec la farce à gratin et passer au four 5 minutes à 160 °C.

PURÉE DE POTIMARRONS – Cuire sur une plaque au four sec les potimarrons 1 heure 30 à 150 °C. Éplucher les potimarrons après cuisson, ôter les graines et récupérer la chair. Mixer cette dernière afin d'obtenir une purée bien lisse, rectifier l'assaisonnement.

PICKLES DE BUTTERNUT – Dans une casserole, chauffer l'eau, le vinaigre balsamique blanc, le verjus et le sucre. Tailler le reste des butternuts à la mandoline dans la longueur et tailler à l'emporte-pièce des corolles de butternut en forme de fleur. Mettre hors du feu à infuser dans le mélange à pickles et réserver au frais.

FINITION – Dresser la garniture dans l'assiette, lever les suprêmes de pigeon, les assaisonner avec un tour de moulin de poivre maniguette et la fleur de sel. Les faire colorer dans une poêle. Servir les cuisses confites sur un lit de grué à côté. Terminer votre dressage avec les pickles, les suprêmes et le jus de pigeon au grué. Décorer avec les fleurs et les graines de courge.

Ris de veau en écailles de châtaigne du Morvan, céleri maraîcher, jus à la fleur de châtaignier

4 PERSONNES

RIS DE VEAU
4 ris de veau de cœur de 180 g
20 g de graisse de canard
40 g de beurre infusé à la fleur de châtaignier
Sel, poivre

JUS DE VEAU À LA FLEUR DE CHÂTAIGNIER
1 kg de poitrine de veau taillée en cubes
40 g de graisse de canard
30 g de beurre
50 g d'échalotes
50 g d'oignon
50 g de carotte
1 branche de thym
5 g de fleur de châtaignier
Eau

CHIPS DE CHÂTAIGNE ET NOISETTE
500 g de châtaignes fraîches du Morvan
100 g de noisettes fraîches
Huile pour friture

SIPHON CÉLERI
1 kg de céleri-rave
1 oignon blanc
20 g de beurre
Huile d'olive
30 cl de fond blanc de volaille
30 cl de crème liquide
80 g de beurre noisette
30 cl de lait entier
2 cl de vinaigre de Xérès

PURÉE DE CHÂTAIGNES
500 g de châtaignes mondées
1 oignon blanc émincé
1 branche de romarin
40 cl de fond blanc de volaille
30 cl de crème liquide
Sel et poivre

RIS DE VEAU – LA VEILLE – Faire dégorger, blanchir et limoner les ris de veau. Mettre sous presse pendant 24 heures.

RIS DE VEAU – LE JOUR MÊME – Précuire les ris de veau sous vide avec le beurre infusé à la fleur de châtaignier. Assaisonner les ris de veau. Dans un sautoir, les saisir avec un peu de graisse de canard bien chaude sur une face. Colorer doucement afin de leur donner une belle croûte croustillante. Une fois qu'ils sont dorés, ajouter une noix de beurre et arroser régulièrement avec le beurre qui prendra un aspect mousseux et noisette. Débarrasser sur grille et maintenir au chaud.

JUS DE VEAU À LA FLEUR DE CHÂTAIGNIER – Dans une cocotte, faire colorer les cubes de veau à la graisse de canard et les faire rissoler doucement afin de développer un maximum de sucs. Dégraisser la cocotte, ajouter une noix de beurre et les garnitures aromatiques. Faire suer à nouveau 15 minutes puis mouiller avec l'eau. Cuire à feu doux pendant 3 heures en écumant régulièrement afin d'enlever les impuretés. En fin de cuisson, filtrer au chinois étamine et au superbag. Faire réduire le jus de veau à consistance. Hors du feu, mettre à infuser les fleurs de châtaignier 1 minute. Filtrer à nouveau puis réserver au chaud.

CHIPS DE CHÂTAIGNE ET NOISETTE – Éplucher puis tailler à la mandoline les châtaignes et les noisettes. Les frire dans un bain d'huile à 140 °C. Débarrasser sur un papier absorbant, assaisonner les chips et en décorer les ris de veau.

SIPHON CÉLERI – Éplucher et émincer l'oignon et le céleri-rave. Faire suer l'oignon dans une cocotte avec l'huile d'olive et le beurre, ajouter le céleri-rave. Faire suer à nouveau 5 minutes, mouiller avec le fond blanc de volaille, faire réduire. Mouiller avec le lait et la crème. Cuire pendant 35 minutes, égoutter et mixer le céleri afin d'obtenir une purée lisse. Détendre avec la crème de cuisson si besoin, ajouter le beurre noisette et le vinaigre de Xérès. Passer au chinois étamine et mettre dans un siphon. Gazer deux fois et réserver au chaud.

PURÉE DE CHÂTAIGNES – Émincer et faire suer les oignons dans une cocotte avec le romarin. Ajouter les châtaignes épluchées et faire suer à nouveau 5 minutes. Mouiller avec le fond blanc et la crème et cuire 25 minutes. Mixer la purée et la passer au chinois étamine.

CROMESQUIS DE CHÂTAIGNES
1 gros céleri-rave
1 branche de thym
1 branche de romarin
60 g d'échalotes ciselées
40 g de beurre
150 g de châtaignes cuites concassées
20 g de ciboulette ciselée
80 g de purée de châtaignes

PANURE À L'ANGLAISE
200 g de farine T55
400 g de blanc d'œuf
400 g de chapelure blanche
100 g de chapelure panko

RISOTTO DE CÉLERI CHÂTAIGNE
150 g de brunoise de céleri
1 échalote ciselée
150 g de châtaignes cuites concassées
20 g de purée de châtaignes
15 g de jaune d'œuf
2 cl de vinaigre de Xérès
Sel et poivre

FINITION
Bogues des châtaignes

CROMESQUIS DE CHÂTAIGNES – Laver le céleri et l'envelopper dans une feuille d'aluminium avec les aromates, le beurre et le sel. Cuire au four sec jusqu'à ce qu'il soit fondant. Éplucher le céleri cuit, le tailler en brunoise. Faire suer au beurre les échalotes ciselées et ajouter les châtaignes concassées ainsi que la brunoise de céleri. Lier l'ensemble avec la purée de châtaignes et terminer avec la ciboulette ciselée. Mouler le tout dans des petits moules en silicone. Les faire prendre en cellule de congélation. Préparer la panure. Mélanger la chapelure blanche et la chapelure panko. Rouler les cromesquis dans la farine, les plonger dans le blanc d'œuf puis dans le mélange de chapelure. Mettre le tout au congélateur pendant 30 minutes. Rouler à nouveau les cromesquis dans le blanc d'œuf puis dans le mélange de chapelure. Les frire au moment de servir 3 minutes à 160 °C.

RISOTTO DE CÉLERI CHÂTAIGNE – Éplucher le céleri cuit et le tailler en brunoise. Faire suer au beurre l'échalote ciselée et ajouter la brunoise de céleri. Faire étuver 10 minutes. Ajouter les châtaignes concassées et lier avec la purée de châtaignes et le jaune d'œuf. Terminer avec un trait de vinaigre de Xérès.

FINITION – Dans un bol, dresser le risotto de châtaigne et ajouter le nuage de céleri (siphon). Passer 3 minutes à la friteuse les cromesquis et les servir dans les bogues des châtaignes. Déposer le ris de veau en écailles croustillantes dans l'assiette, ajouter le jus de veau et la purée de châtaignes.

Ris de veau en écailles de châtaigne du Morvan, céleri maraîcher, jus à la fleur de châtaignier — RECETTE PAGES 166/167

Ris de veau purée truffée BL 2.0

4 PERSONNES

RIS DE VEAU
4 ris de veau de cœur de 200 g
20 g de graisse de canard
40 g de beurre
Sel et poivre

PURÉE TRUFFÉE
2 kg de pommes de terre
500 g de beurre
30 cl de lait entier
20 g de truffe noire melanosporum
30 cl de jus de truffe
3 cl d'huile de truffe noire
Gros sel

JUS DE VEAU TRUFFÉ
1 kg de poitrine de veau
500 g d'os de veau sciés en petits morceaux
10 cl d'huile d'olive
20 g d'échalote
20 g de carotte
1 branche de thym
10 g de beurre
6 cl de jus de truffe
8 g de truffe hachée

RIS DE VEAU – LA VEILLE – Faire dégorger, blanchir et limoner les ris de veau. Mettre sous presse pendant 24 heures.

RIS DE VEAU – LE JOUR MÊME – Précuire les ris de veau sous vide. Les assaisonner et les saisir sur une face dans un sautoir avec un peu de graisse de canard bien chaude. Faire colorer doucement afin de leur donner une belle croûte croustillante. Une fois qu'ils sont dorés, ajouter une noix de beurre et arroser régulièrement les ris de veau dans le beurre qui prendra un aspect mousseux et noisette. Débarrasser sur grille et maintenir au chaud.

PURÉE TRUFFÉE – Cuire les pommes de terre sur un lit de gros sel au four à 160 °C. Vérifier la cuisson en piquant avec la pointe d'un couteau. Si celle-ci pénètre et ressort sans forcer, c'est qu'elles sont cuites. Couper les pommes de terre en deux. Passer la pulpe au tamis sur grille fine. Débarrasser dans une casserole, faire dessécher à feu doux tout en incorporant petit à petit les cubes de beurre. Mélanger énergiquement à la spatule en ajoutant le lait progressivement. Rectifier la consistance et l'assaisonnement de la purée. Terminer en incorporant le jus, l'huile et les truffes hachées.

JUS DE VEAU TRUFFÉ – Tailler la poitrine de veau en petits cubes. Faire colorer les morceaux et les os dans une cocotte avec l'huile d'olive. Faire rissoler. Dégraisser la cocotte. Remettre les morceaux de veau, ajouter la garniture aromatique et le beurre. Faire suer à nouveau 10 minutes. Mouiller à l'eau à hauteur, cuire le jus à feu doux pendant 1 heure. Filtrer le jus au chinois étamine, mettre à réduire jusqu'à obtenir une belle consistance. Ajouter le jus de truffe et la truffe hachée. Réserver.

FINITION – Dresser la purée dans un bol, les ris de veau et le jus de veau dans l'assiette.

Cochon Mangalica du Morvan, croustillant de boudin noir, oignons gratinés au vieux comté

6 PERSONNES

CÔTES DE COCHON MANGALICA
3 côtes épaisses de cochon Mangalica
50 g de beurre 4 feuilles de sauge

JUS DE COCHON À L'OIGNON JAUNE
3 kg de parures de cochon
2 oignons paille en mirepoix
1 carotte en mirepoix
2 échalotes en mirepoix
1 gousse d'ail
2 branches de thym
15 g de beurre
10 cl de vin blanc
Sel et poivre du moulin

BOUDIN MAISON
500 g de sang de porc
60 g de gras de porc en petits dés
100 g de tête et gorge de porc cuites en petits dés
80 g d'oignon jaune confit en brunoise
3 g de mélange d'épices à boudin
40 g de pain de la veille préalablement mis à tremper dans du lait
1 g de piment
15 g de jaune d'œuf
10 g de ciboule finement ciselée
Sel et poivre

CROUSTILLANT DE BOUDIN
500 g de boudin fait maison
2 tranches de pain de mie de 14 cm x 8 cm
10 g de dorure
50 g de beurre clarifié

NUAGE D'OIGNON CARAMÉLISÉ
10 pièces d'oignon paille
1 l de crème liquide
50 cl de fond blanc de volaille
100 g de pulpe de pomme de terre
50 g de beurre
10 cl d'huile
Sel et poivre

CÔTES DE COCHON MANGALICA – Parer, manchonner les côtes de cochon. Assaisonner et les colorer des deux côtés dans une poêle bien chaude avec un filet d'huile d'olive. Ajouter le beurre et les feuilles de sauge et arroser abondamment. Débarrasser sur grille. Finir la cuisson au four pendant 7 minutes à 170 °C. Laisser reposer avant de trancher.

JUS DE COCHON À L'OIGNON JAUNE – Tailler en petits cubes les parures de cochon. Dans une cocotte en fonte, les faire colorer pour développer un maximum de sucs. Dégraisser la cocotte puis ajouter le beurre frais et la garniture aromatique. Faire suer à nouveau 10 minutes. Faire caraméliser le tout. Déglacer au vin blanc et mouiller avec de l'eau à hauteur de deux fois le volume de la viande. Cuire à feu doux pendant 3 heures. Filtrer le jus obtenu, le récupérer et le faire réduire à consistance.

BOUDIN MAISON – Dans une grande calotte, mélanger tous les ingrédients. Débarrasser le tout dans une plaque à rebord et cuire au four vapeur 20 minutes à 85 °C. Au terme de la cuisson, découper un rectangle de boudin de la même dimension que le pain de mie.

CROUSTILLANT DE BOUDIN – Passer au pinceau la dorure sur les deux faces du boudin puis insérer celui-ci entre les deux tranches de pain de mie. Filmer le montage et réserver au frais. Avant de servir, passer au four vapeur pendant 10 minutes. Ôter le film et colorer le boudin dans une poêle avec le beurre clarifié. Découper des croustillants de boudin de 8 cm x 2 cm, les servir sur un support à part.

NUAGE D'OIGNON CARAMÉLISÉ – Éplucher et émincer les oignons paille. Les faire suer dans une cocotte avec l'huile et le beurre. Faire caraméliser doucement puis mouiller au fond blanc. Réduire de moitié, ajouter la crème liquide et les assaisonnements. Cuire à nouveau 30 minutes puis ajouter la pulpe de pomme de terre. Mixer fortement le tout. Passer dans un chinois, débarrasser dans un siphon puis gazer.

JOUE DE PORC CONFITE
1 kg de joue de porc
30 cl de bière brune La Mandubienne
30 g de carotte en mirepoix
30 g d'oignon paille en mirepoix
1 branche de thym
1 gousse d'ail
30 g de truffe noire hachée
Sel et poivre

VIENNOISE AU VIEUX COMTÉ
300 g de beurre ramolli
200 g de chapelure blanche
30 g de poudre de cazette
50 g de comté de 36 mois râpé

OIGNONS GRELOTS RED BARON FARCIS
20 oignons grelots rouges (red baron)
10 cl de jus de cochon
10 g de beurre
1 branche de thym
Sel et poivre

PICKLES D'OIGNON ROUGE
1 oignon rouge
20 cl de vinaigre balsamique blanc
1,5 cl de verjus
100 g de sucre
30 cl d'eau
1 g de baies de genièvre

FINITION
Pimprenelle
Pickles d'oignon rouge

JOUE DE PORC CONFITE – La veille, faire mariner les joues de porc dans la bière brune toute une nuit. Le jour même, égoutter, éponger les morceaux de viande. Faire colorer les joues dans une cocotte, ajouter les garnitures aromatiques. Poursuivre la coloration à nouveau 5 minutes et déglacer avec la bière et le fond blanc. Couvrir et cuire longuement jusqu'à ce que les joues soient fondantes. Effilocher et dresser dans un bol les joues. Ajouter le nuage d'oignon caramélisé sur le dessus et la truffe noire finement hachée.

VIENNOISE AU VIEUX COMTÉ – Mélanger tous les ingrédients. Étaler le tout entre deux feuilles de papier sulfurisé et réserver au congélateur. Détailler au dernier moment à l'emporte-pièce des disques de viennoise de 2 cm de diamètre. Les poser sur les oignons farcis avant de les faire gratiner.

OIGNON GRELOT RED BARON FARCI – Éplucher et mettre sous vide les oignons avec le beurre, le thym et le jus de cochon. Cuire au four vapeur 15 minutes à 98 °C. Au terme de la cuisson, couper les oignons en deux, évider leur centre et les garnir avec une partie de l'effiloché de joue de porc. Disposer dessus les disques de viennoise. Les faire gratiner sous une salamandre avant de servir.

PICKLES D'OIGNON ROUGE – Éplucher et tailler l'oignon rouge en fins bâtonnets. Chauffer les liquides avec le sucre et les baies de genièvre. Hors du feu, ajouter les oignons puis réserver au frais.

FINITION – Dresser harmonieusement le cochon avec les oignons gratinés. Servir à côté le reste de l'effiloché de joue de porc avec le nuage d'oignon caramélisé ainsi que le croustillant de boudin et les pickles. Parsemer de pimprenelle.

Cochon Mangalica du Morvan, croustillant de boudin noir, oignons gratinés au vieux comté — RECETTE PAGES 172/173

Côte de veau de lait piquée au lard Mangalica et truffe noire, asperge verte de Mallemort, jus de veau à la cazette de Bourgogne

6 PERSONNES

CÔTE DE VEAU
2 belles côtes de veau de 800 g
200 g de lard Mangalica aux herbes du Morvan
100 g de belles truffes noires
40 cl de jus de veau

JUS DE VEAU
1 kg de poitrine de veau détaillée en petits cubes
500 g de dos de veau scié en petits morceaux
10 cl d'huile d'olive
20 g d'échalote
20 g de carotte
1 branche de thym
10 g de beurre
20 g de fleur de cazette de Bourgogne

ASPERGES
6 grosses asperges de Mallemort (calibre +24)

PURÉE D'ASPERGES
400 g de parures d'asperges
1 oignon blanc émincé
10 cl d'huile d'olive
20 g de beurre
15 cl de fond blanc de volaille
10 cl de crème liquide
50 g de pousses d'épinards

COULIS DE TRUFFE NOIRE
200 g de parures de truffes
50 cl de fond blanc
30 cl de jus de truffe
5 g de beurre
1 cl d'huile de truffe
Sel et poivre

FINITION
40 g de beurre
1 branche de thym

CÔTE DE VEAU – Éplucher, tailler les truffes noires en bâtonnets de 4 x 0,5 x 0,5 cm. Tailler le lard également en bâtonnets de même dimension et passer le lard en cellule de congélation. Parer, détalonner et manchonner les côtes de veau. Piquer le muscle de façon perpendiculaire à la chair des côtes de veau avec le lard et la truffe noire. Assaisonner les côtes puis les faire colorer dans une poêle avec un filet d'huile d'olive. Débarrasser sur grille, refroidir et cuire sous vide à 64 °C en ambiance jusqu'à atteindre une température de 56 °C à cœur.

JUS DE VEAU – Faire colorer les cubes de poitrine de veau et les os dans une cocotte avec l'huile d'olive. Dégraisser la cocotte, y remettre les morceaux de veau. Ajouter la garniture aromatique et le beurre. Faire suer à nouveau pendant 10 minutes. Mouiller avec de l'eau à hauteur, cuire à feu doux pendant 1 heure. Filtrer le jus au chinois étamine, mettre à réduire jusqu'à obtenir une belle consistance. Ajouter la fleur de cazette. Réserver.

ASPERGES – Écussonner les asperges, les cuire 7 minutes dans une chauffante. Refroidir aussitôt dans de l'eau glacée. Égoutter et tailler à 14 cm de long.

PURÉE D'ASPERGES – Faire suer l'oignon et les parures d'asperges. Mouiller avec le fond blanc et la crème. Faire cuire durant 15 minutes. Ajouter les pousses d'épinards et cuire à nouveau 5 minutes. Mixer au Thermomix, rectifier l'assaisonnement. Faire refroidir et réserver en pipette.

COULIS DE TRUFFE NOIRE – Faire suer les parures de truffe dans le beurre et l'huile de truffe pendant 2 minutes. Mouiller avec le fond blanc et le jus de truffe. Cuire 15 minutes. Mixer le tout afin d'obtenir un coulis lisse et onctueux. Réserver en pipette.

FINITION – Réchauffer dans un glaçage les asperges. Strier avec le coulis d'asperge verte et de truffe noire. Éponger et remettre en température les côtes de veau. Les colorer dans une poêle avec le beurre, le thym et poursuivre la régéthermie au four sec à 150 °C pendant 8 minutes. Laisser reposer 5 minutes. Tailler les côtes de veau, dresser dans l'assiette avec les asperges et le jus de veau à la fleur de cazette.

Selle d'agneau rôtie au lierre terrestre, croustillant de panoufles, caviar de petits pois

6 PERSONNES

SELLE D'AGNEAU
1 selle d'agneau de 2,8 kg
Huile de lierre

JUS D'AGNEAU
2 kg de poitrine d'agneau taillée en petits cubes
1 gousse d'ail
2 branches de thym
½ botte de lierre terrestre
Eau

PANOUFLES D'AGNEAU CONFITES
300 g de panoufles d'agneau
5 g de citron confit
1 c. à café de feuille de lierre terrestre finement ciselée
2 feuilles de brick
50 g de beurre clarifié

PURÉE DE PETITS POIS AU LIERRE TERRESTRE
2 kg de petits pois extra-fins
2 kg de petits pois
½ oignon blanc émincé
10 g de beurre
30 cl de fond blanc
10 cl de crème liquide
1 c. à soupe de lierre terrestre ciselé
5 cl d'huile de lierre terrestre
Sel et poivre

HUILE DE LIERRE TERRESTRE
2 bottes de lierre terrestre
50 g de pousses d'épinards
60 cl d'huile de pépins de raisin

FINITION
Fleurs et feuilles de lierre terrestre
Pousses de vesce
20 g de terreau d'olives noires (mélange de 100 g d'olives noires dénoyautées et déshydratées et de 100 g de riz noir soufflé, le tout mixé en poudre)

SELLE D'AGNEAU – Lever, parer la selle d'agneau. Dégraisser, dénerver la surface des filets et les panoufles. Décrocher les filets, les taper avec une batte, les assaisonner et les badigeonner d'huile de lierre. Rouler les filets dans leurs panoufles et les serrer fortement dans un film alimentaire. Les cuire sous vide 25 minutes à 64 °C. Puis les faire rôtir dans une poêle juste avant de servir et tailler des médaillons avant de dresser.

JUS D'AGNEAU – Faire colorer les morceaux d'agneau dans une cocotte, donner une coloration uniforme et dégraisser. Ajouter le thym et l'ail, faire suer et mouiller à l'eau. Cuire ce jus pendant 2 heures à feu doux. Filtrer, dégraisser le jus et faire réduire à consistance. Y faire infuser pendant 5 minutes les feuilles de lierre terrestre. Passer le jus au chinois. Réserver au chaud.

PANOUFLES D'AGNEAU CONFITES – Assaisonner et faire colorer les panoufles d'agneau. Les faire refroidir avant de les mettre sous vide avec 1 branche de lierre terrestre. Cuire les panoufles pendant 3 heures à 68 °C. Au terme de la cuisson, hacher les panoufles au couteau, ajouter le lierre terrestre ciselé, le citron confit. Réserver le tout dans une poche à pâtisserie. Étaler puis badigeonner au beurre clarifié les feuilles de brick. Rouler les feuilles autour d'un tube en inox de 2 cm de diamètre et de 5 cm de long. Les cuire 7 minutes dans un four à 150 °C. Démouler délicatement les tubes et les garnir au moment de servir avec la farce à base de panoufles d'agneau.

PURÉE DE PETITS POIS AU LIERRE TERRESTRE – Écosser les petits pois extra-fins. Les faire étuver dans une cassolette avec un filet d'huile de lierre et 10 cl de fond blanc. Écosser les autres petits pois, les faire blanchir dans une chauffante. Les égoutter et les faire refroidir dans de l'eau glacée aussitôt pour fixer la chlorophylle. Faire suer l'oignon dans une casserole avec une noix de beurre, ajouter les petits pois et le lierre terrestre. Mouiller avec le reste de fond blanc et la crème. Cuire le tout 10 minutes puis mixer avec un filet d'huile de lierre. Passer la purée au chinois puis réserver au chaud.

HUILE DE LIERRE TERRESTRE – Concasser le lierre terrestre, le mettre sous vide avec l'huile de pépins de raisin et cuire 4 heures à 70 ° C. Mixer l'huile obtenue avec les pousses d'épinards et filtrer à travers une étamine alimentaire. Réserver au frais.

FINITION – Dresser l'agneau, les petits pois et le croustillant d'agneau dans trois assiettes différentes. Décorer avec le lierre, la vesce et le terreau d'olives noires.
Servir le jus à part.

LÉGUMES

« Les treuffes à la truffe noire » Crapiaux modernes

8 PERSONNES

CRÈME GLACÉE À LA TOMME DE CABRACHE
25 cl de lait entier
25 cl de crème liquide 30 % de matière grasse
6 jaunes d'œufs
75 g de sucre
2 g de stabilisateur
150 g de Cabrache affinée
Poivre du moulin

COULIS DE TRUFFE NOIRE
200 g de parures de truffe
5 g de beurre
1 cl d'huile de truffe
5 cl de porto rouge
50 cl de fond blanc
30 cl de jus de truffe
Sel, poivre

ÉMULSION TOMME DE CABRACHE
100 g de tomme de Cabrache affinée et râpée
20 cl de crème fraîche
20 cl de lait entier
3 g de sucro
Sel et poivre

CRAPIAUX
500 g de pommes de terre
60 g de farine
2 œufs
60 g de fromage frais de l'Abbaye de la Pierre qui Vire
1 échalote finement ciselée
10 g de ciboulette ciselée
15 g de truffe noire de Marmagne hachée
60 g de tomme de Cabrache du Conrieux râpée
60 g de beurre clarifié pour la cuisson
Fleur de sel

JUS DE VOLAILLE TRUFFÉ
20 cl de jus de volaille
50 g de truffe hachée

PISTOLES DE TRUFFE
200 g de truffes

CRÈME GLACÉE À LA TOMME DE CABRACHE – Verser le lait et la crème dans une casserole et porter à ébullition. Râper la Cabrache dans le mélange, laisser infuser 1 heure. Blanchir les 6 jaunes d'œufs et le sucre. Verser le mélange sur les œufs hors du feu, remuer et remettre le mélange dans la casserole à feu doux. Ajouter le stabilisateur et mélanger avec une maryse jusqu'à ce que la préparation soit nappante. Monter le mélange à une température de 85 °C en remuant régulièrement. Chinoiser l'appareil, débarrasser dans un bol à Pacojet. Laisser maturer au réfrigérateur pendant 4 heures au minimum et faire prendre en cellule de congélation. Pacosser juste avant de servir.

COULIS DE TRUFFE NOIRE – Faire suer les parures de truffe dans le beurre et l'huile de truffe 2 minutes, déglacer au porto puis réduire. Mouiller au fond blanc et au jus de truffe puis cuire 15 minutes supplémentaires. Mixer le tout afin d'obtenir un coulis lisse et onctueux. Réserver en pipette.

ÉMULSION TOMME DE CABRACHE – Faire chauffer le lait et la crème. Ajouter la tomme, le sucro, le sel et le poivre. Mixer le tout.

CRAPIAUX – Cuire les pommes de terre en robe des champs, vérifier la cuisson à l'aide d'un couteau. Éplucher puis écraser à la fourchette la pulpe des pommes de terre, ajouter la farine, le fromage frais, les œufs battus, l'échalote ainsi que la truffe hachée, la tomme et la ciboulette ciselée. Mélanger tous les ingrédients, rectifier l'assaisonnement. Façonner les crapiaux, les poêler dans le beurre clarifié et dresser.

PISTOLES DE TRUFFE – Tailler à la mandoline les truffes sur 1 cm d'épaisseur. Avec un emporte-pièce de 2 cm, tailler des disques.

FINITION – Napper le fond de l'assiette de jus de volaille truffé, disposer les crapiaux sur le dessus puis les pistoles de truffe. Finir votre dressage avec l'émulsion à la tomme de Cabrache. Servir dans un bol à part la crème glacée Cabrache et le coulis de truffe.

Jardin de tomates

8 PERSONNES

EAU DE TOMATE
2 kg de tomates grappe
QS d'intérieur des tomates confites
60 g de sucre
5 g de sel
1 botte de basilic
20 g de sauge ananas
50 g de gingembre épluché
100 g de citronnelle
10 cl de vinaigre balsamique blanc
10 cl d'huile de roucou
15 cl d'huile d'olive
QS de fleur de sureau

HUILE DE ROUCOU
30 cl d'huile de pépins de raisin
50 g de graines de roucou
1 gousse de vanille

SORBET AUX HERBES
90 cl d'eau
1,75 g de super neutrose
175 g de sucre
40 g de Trimoline
65 g de glucose atomisé
50 g de feuilles de basilic
50 g de cerfeuil effeuillé
50 g de feuilles d'oseille
25 g de feuilles de menthe
25 g de roquette
40 g de blanc d'œuf
9 cl de jus de citron
15 cl de verjus

MARINADE DE TOMATES
20 cl de vinaigre balsamique blanc
7 cl de vinaigre de sureau
1 cl de vinaigre de Xérès
1 cl de vinaigre de vin rouge
20 g de sucre

KETCHUP TOMATE ET ANANAS
1 kg de tomates ananas
10 cl de vinaigre balsamique blanc
10 g de sauge ananas
5 g de sureau
QS de sel
QS de sucre

EAU DE TOMATE – Mixer tous les éléments au Thermomix, puis mettre à égoutter entre des torchons et déposer un poids par-dessus. Laisser égoutter toute une nuit. Récupérer l'eau de tomate, rectifier l'assaisonnement et mettre à infuser de nouveau avec du gingembre, du sureau, de la citronnelle, de la sauge ananas et du basilic. Laisser infuser 24 heures, puis passer. Réserver.

HUILE DE ROUCOU – Mélanger tous les éléments dans une poche sous vide et cuire dans un four vapeur à 80 °C pendant 6 heures. Passer au chinois et réserver.

SORBET AUX HERBES – Porter à ébullition l'eau, le super neutrose, le sucre, la Trimoline et le glucose atomisé. Refroidir, mixer ensuite tous les autres éléments à l'aide d'un Thermomix. Mettre le mélange dans des bols à Pacojet. Turbiner au moment et réserver.

KETCHUP TOMATE ET ANANAS – Tailler les tomates en deux puis les faire compoter avec le sucre et le sel, déglacer au vinaigre. Ajouter la sauge ananas et le sureau, laisser cuire 10 minutes à feu doux. Mixer et chinoiser, rectifier l'assaisonnement, réserver.

MARINADE DE TOMATES – Mélanger tous les éléments dans un cul-de-poule et réserver.

TOMATES MARINÉES
1 tomate Green Zebra
1 tomate orange
1 tomate noire de Crimée
1 tomate cœur-de-bœuf
8 tomates cerises rouges
QS de marinade tomate
QS de sel
QS de sucre
QS d'huile de roucou
QS d'huile d'olive
5 g de basilic ciselé
5 g de basilic pourpre ciselé
5 g de sauge ananas ciselée
3 g de verveine ciselée
10 g d'échalote ciselée

TOMATES CONFITES
1 kg de tomates rouges en grappe
QS d'huile de roucou
QS de sel
QS de sucre
QS de thym
QS d'ail émincé

DISQUE DE CABRACHE
4 tranches de tomme Cabrache du Morvan de 2 mm d'épaisseur

CRÈME DE CABRACHE
QS de Cabrache du Morvan
QS de crème
QS de sel
QS de poivre

GEL TOMATE ET FLEUR DE SUREAU
25 cl d'eau de tomate
20 g de sureau
2,5 g d'agar-agar

CHIPS DE PAIN
2 tranches de pain de mie de 2 mm d'épaisseur
QS de beurre

FINITION
QS de basilic nain
QS de bleuet
QS de verveine naine

TOMATES MARINÉES – Brûler les tomates au chalumeau, les glacer et les éplucher. Tailler chaque tomate de manière différente. Les assaisonner ensuite avec le reste des éléments, réserver.

TOMATES CONFITES – Monder les tomates, les tailler en deux et les épépiner. Faire mariner ensuite avec les autres éléments. Puis les disposer sur une plaque à pâtisserie avec un papier sulfurisé. Cuire 5 heures à 70 °C. Tailler en triangles moyens et réserver.

DISQUE DE CABRACHE – Tailler à l'aide d'un petit emporte-pièce. Réserver.

CRÈME DE CABRACHE – Mettre à fondre les parures de tomme dans la crème, cuire 10 minutes. Mixer et passer. Mettre en pipette.

CHIPS DE PAIN – Tailler à l'emporte-pièce des disques de 2 mm. Puis les cuire entre 2 plaques à pâtisserie et papier sulfurisé préalablement beurré pendant 8 minutes à 170 °C.

GEL TOMATE FLEUR DE SUREAU – Porter à ébullition l'eau de tomate et faire infuser le sureau 10 minutes. Chinoiser, chauffer à nouveau pour ajouter l'agar-agar et faire cuire 2 minutes. Refroidir et mixer. Réserver dans une pipette

FINITION – À l'aide d'un cercle, disposer le ketchup de tomate dans le fond de l'assiette. Dresser harmonieusement votre jardin de tomate, ajouter ensuite les triangles de tomate confite, les points de crème Cabrache, le gel tomate, les pistoles de pain et de Cabrache. Terminer en disposant les différentes fleurs et le sorbet aux herbes.

Jardin de tomate — RECETTE PAGES 184/185

Eau de tomate
N°53

Butternut confite au safran du Piochys, fromage frais et caviar

6 PERSONNES

PICKLES
20 cl d'eau
50 g de sucre
10 cl de vinaigre

BUTTERNUT
2 butternuts
100 g de beurre
0,1 g de safran du Piochys
Sel
2 g de curcuma frais

GEL POTIMARRON ARGOUSIER
2 potimarrons
1 cl de jus d'argousier
5 cl de verjus
2 g d'agar-agar

SORBET POTIMARRON
400 g de purée de potimarron
60 cl d'eau
1,8 g de super neutrose
73 g de sucre
40 g de Trimoline
63 g de glucose atomisé
40 g de blanc d'œuf
9 cl de verjus
2 cl de jus d'argousier
2 g de curcuma frais râpé
1 zeste de citron jaune

RÉDUCTION POMELOS ET SAFRAN
50 cl de jus de pomelos
0,1 g de safran du Piochys
3 g de sucre

FINITION
200 g de fromage frais
½ botte de ciboulette
Fleur de sel
5 cl d'huile d'olive
18 g de caviar Kristal Kaviari
5 cl d'huile de curcuma

PICKLES – Faire bouillir l'eau avec le sucre et le vinaigre. Laisser cuire 1 minute.

BUTTERNUT – Éplucher les deux butternuts. Dans une butternut, découper à l'emporte-pièce des palets de 6 cm de diamètre et 2 cm de hauteur. Réserver les parures de butternut, elles seront ajoutées au gel de potimarron. Dérouler l'autre butternut à l'aide d'une mandoline japonaise. Façonner le ruban de butternut afin d'en faire un rouleau. Disposer dans 6 cercles de 6 cm de diamètre et cuire dans une poche sous vide avec le beurre, le safran et l'assaisonnement. Cuire les palets de butternut pendant 10 minutes à 98 °C. Garder 20 cm de ruban de butternut pour les pickles. Détailler le ruban de butternut à l'aide d'un emporte-pièce en forme de gouttes d'eau. Faire infuser dans le mélange pour pickles chaud puis les disposer en forme de fleur sur une plaque.

GEL POTIMARRON ARGOUSIER – Laver, éplucher et passer à la centrifugeuse les potimarrons et les parures de butternut. Ajouter le jus d'argousier et le verjus, chauffer le tout avec l'agar-agar et mixer. Rectifier l'assaisonnement.

SORBET POTIMARRON – Rassembler la purée, l'eau, le neutrose, le sucre, la Trimoline et le glucose. Mélanger et faire chauffer. Laisser refroidir puis ajouter à froid le blanc d'œuf, le verjus, le jus d'argousier, le curcuma et le zeste. Mixer le tout, débarrasser dans des bols à paco. Réserver au congélateur pendant 12 heures puis pacosser au moment.

RÉDUCTION POMELOS ET SAFRAN – Faire réduire le jus de pomelos avec le sucre et le safran. Mettre en pipette.

FINITION – Émietter à la fourchette le fromage frais, ajouter la ciboulette ciselée, l'huile d'olive et la fleur de sel. Réserver. Snacker les palets de butternut dans une poêle. Donner une légère coloration blonde. Évider le centre des rouleaux de butternut, disposer sur les palets puis ajouter le fromage frais au centre. Dans une assiette, napper le centre avec le gel de potimarron, ajouter les palets de butternut puis les pickles sur le dessus. Terminer avec le caviar et quelques gouttes de réduction. Servir le sorbet et le gel potimarron dans un bol, ajouter un filet d'huile de curcuma.

La carotte

8 PERSONNES

PURÉE DE CAROTTES JAUNES
800 g de carottes jaunes

BAVAROISE DE CAROTTES JAUNES
400 g de purée de carottes jaunes
40 cl de crème liquide
3,5 g d'agar-agar

GEL GINGEMBRE
7,5 cl de jus de gingembre
15 cl de verjus
2,5 g d'agar-agar

GEL CAROTTE
20 cl de jus de carotte réduit
1,5 g d'agar-agar
2 g de carvi des prés

PICKLES DE CAROTTES
60 cl de vinaigre
300 g de sucre
90 cl d'eau
100 g de carottes jaunes taillées en fins bâtonnets avec 1 bâton de citronnelle émincé
100 g de carottes rouges taillées en fins bâtonnets avec 200 g de gingembre émincé
100 g de carottes oranges taillées en fins bâtonnets avec 80 g de curcuma frais

VOILE DE JUS DE CAROTTE AU CARVI DES PRÉS
2 kg de carottes fanes
1,5 g d'agar-agar
3 g de carvi des prés

ÉMULSION CAROTTE
2 kg de carottes fanes
15 cl de verjus
2 g de sucro

JUS DE CAROTTES JAUNES GINGEMBRE ET CURCUMA
3 kg de carottes jaunes
10 g de curcuma frais
20 g de gingembre fais
10 g sucre de raisin Bourgoin
10 cl de verjus
1 citron jaune
20 cl d'eau pétillante

FINITION
Bourgeons de sapin

PURÉE DE CAROTTES JAUNES – Laver, éplucher et émincer les carottes jaunes. Dans un rondeau, faire suer au beurre les carottes puis mouiller à hauteur avec de l'eau. Faire cuire 30 minutes. Mixer afin d'obtenir une purée bien lisse.

BAVAROISE DE CAROTTES JAUNES – Faire chauffer puis mélanger la purée de carottes avec la crème et l'agar-agar. Couler l'appareil dans 8 cercles inox de 6 cm de diamètre. Filmer et réserver au frais.

GEL GINGEMBRE – Mélanger le jus de gingembre et le verjus. Incorporer l'agar-agar, faire chauffer pendant 1 minute et refroidir. Mixer le tout afin d'obtenir un gel. Réserver en pipette.

GEL CAROTTE – Faire chauffer le jus de carotte réduit avec le carvi. Incorporer l'agar-agar. Faire chauffer pendant 1 minute, passer au chinois et laisser refroidir. Mixer afin d'obtenir un gel. Réserver en pipette.

PICKLES DE CAROTTES – Rassembler dans une casserole le vinaigre, le sucre et l'eau. Porter à ébullition et répartir le tout dans trois récipients à quantité égale. Mettre dans chaque récipient une variété de carotte avec l'aromate qui lui correspond.

VOILE DE JUS DE CAROTTE AU CARVI DES PRÉS – Laver, éplucher et passer à la centrifugeuse les carottes. Faire réduire à feu doux le jus récupéré afin d'en obtenir un concentré. Ajouter le carvi et laisser infuser pendant 10 minutes. Passer le jus au chinois puis le coller à l'agar-agar. Couler sur un plateau posé sur une surface bien plane. Réserver au frais 30 minutes, découper à l'emporte-pièce des cercles de 8 cm de diamètre.

ÉMULSION CAROTTE – Laver, éplucher puis centrifuger les carottes fanes. Faire réduire à feu doux le jus récupéré et le passer au chinois étamine. Ajouter le verjus et le sucro. Émulsionner au moment.

JUS DE CAROTTES JAUNES GINGEMBRE ET CURCUMA – Laver, éplucher et passer à la centrifugeuse les carottes jaunes avec le gingembre et le curcuma. Filtrer au chinois étamine, ajouter le sucre, le verjus et l'eau pétillante. Terminer avec le jus d'un citron jaune puis servir en carafe sur glace.

FINITION – Dresser la bavaroise dans une assiette creuse, disposer sur le dessus les pickles de carottes et les bourgeons de sapin. Disposer des points de gel gingembre et de gel carotte entre les pickles. Disposer dessus le voile de carotte et verser l'émulsion carotte tout autour. Servir le jus de carotte gingembre bien frais dans un verre à côté.

DESSERTS

Mûres sauvages de l'Auxois au shiso, crème onctueuse à l'aspérule odorante, beignets et infusion fraîche

10 PERSONNES

COULIS DE MÛRES ET SHISO
250 g de purée de mûres lisse
5 cl d'eau
27 g de sucre
7 g de shiso vert (coupé en lanières)
1,5 g d'agar-agar
2 g de fécule de pomme de terre

POUR 300 G DE COULIS
45 g de sirop de sucre de raisin
6 cl de verjus

COMPOTÉE DE MÛRES (1 POCHE DE 30 BILLES)
187,5 g de purée de mûres lisse
28 g de sucre
3 g de pectine NH
112,5 g de mûres entières

GANACHE MONTÉE À L'ASPÉRULE
7 cl de lait
70 g de crème
16 g de glucose
16 g de Trimoline
3 g d'aspérule en poudre
203 g de chocolat blanc Valrhona Opalys
382,5 g de crème froide

GLACE AU SHISO
30 cl de lait
50 g de crème
8 g de shiso vert à grandes feuilles (coupé en lanières)
60 g de jaunes d'œufs
35 g de sucre
1 g de super neutrose (stabilisateur à glace ou sorbet)

PÂTE RUSTIQUE COMPLÈTE
250 g de farine T80
125 g de beurre
12,5 cl d'eau
2 g de poudre d'aspérule
2 g de sel fin
Sucre cassonade

COULIS DE MÛRES ET SHISO – Infuser à chaud la purée, l'eau et le shiso pendant 30 minutes, mixer et filtrer. Ajouter le sucre mélangé à l'agar-agar et la fécule, mixer si besoin puis porter à ébullition et retirer aussitôt du feu. Mixer à nouveau puis refroidir, ajouter le sirop de sucre et le verjus à froid.

COMPOTÉE DE MÛRES – Cuire la purée de mûres avec le sucre et la pectine préalablement mélangés, mixer puis ajouter les mûres, laisser compoter 5 minutes. Mixer légèrement pour laisser de la texture, refroidir et stocker en moules silicone « bille » et en poche à douille.

GANACHE MONTÉE À L'ASPÉRULE – Faire bouillir la crème, le lait, le glucose et la Trimoline. Faire infuser l'aspérule pendant 30 minutes, filtrer et faire bouillir à nouveau. Verser le liquide chaud sur le chocolat blanc puis mixer. Ajouter la crème froide et stocker au moins 12 heures au frais avant utilisation. Monter au batteur au dernier moment.

FLOCAGE BLANC – Faire fondre à basse température le mélange de beurre de cacao et de chocolat blanc au four à micro-ondes. Homogénéiser le tout.

GLACE AU SHISO – Mixer à froid le lait, la crème et le shiso pendant 2 minutes. Verser en casserole pour faire bouillir et laisser infuser 30 minutes. Filtrer l'infusion et cuire à l'anglaise avec les jaunes d'œufs et le sucre préalablement blanchis. Ajouter le super neutrose et mixer la crème anglaise. Refroidir et turbiner la glace, puis l'étaler sur une plaque à rebord de 1,5 cm de haut. Détailler ensuite des cylindres de 5 cm de diamètre, les piquer puis les tremper dans le flocage blanc.

PÂTE RUSTIQUE COMPLÈTE – Sabler le beurre, la farine et l'aspérule, ajouter l'eau et le sel préalablement fondu, former une boule puis étaler à 2 mm. Couper de fines lanières de 15 cm de long et des ronds de 5 cm de diamètre entre 2 silpains (toile boulangère), saupoudrer le tout de cassonade et cuire 20 minutes à 160 °C.

FLOCAGE BLANC
100 g de beurre de cacao
100 g de chocolat blanc Valrhona Opalys

GEL DE MÛRE
15 cl de jus de mûre
10 cl d'eau
25 g de sucre
1,75 g d'agar-agar

MURES MARINÉES RATAFIA
125 g de mûres entières
20 g de sucre
11 cl de crème de cassis
0,5 cl de ratafia

EAU DE SHISO
0,5 l d'eau
5 g de shiso rouge
25 g de sucre
3 cl de verjus

BEIGNETS ASPÉRULE (30 PIÈCES ENVIRON)
90 g de farine T80
8 g de sucre + sucre pour la décoration
1 g de sel
0,6 g d'aspérule en poudre
½ œuf
2,4 cl de lait
2,4 g de levure fraîche
6 g de beurre

MONTAGE
Pousses de shiso vert et rouge
Shiso cristallisé
Feuille d'or

GEL DE MÛRE – Porter à ébullition, refroidir et mixer. Mettre en pipette.

MÛRES MARINÉES RATAFIA – Cuire l'ensemble 5 minutes puis faire refroidir.

EAU DE SHISO – Faire bouillir l'eau, y faire infuser le shiso rouge 15 minutes à feu doux. Passer, ajouter le sucre et le verjus puis faire refroidir. Servir en verres à pied avec un glaçon aux feuilles de shiso.

BEIGNETS ASPÉRULE – Faire tiédir le lait et le mélanger à la levure. Mélanger la farine, le sucre, le sel et la poudre d'aspérule puis ajouter les œufs. Ajouter le lait et la levure et donner du corps à la pâte. Finir par le beurre en petits morceaux à température. Laisser reposer à température ambiante 30 minutes. Étaler en plaques à 4 mm puis faire prendre en cellule, détailler des petits ronds cannelés à 3,5 cm. Cuire en friteuse à 200 °C pendant 1 minute (30 secondes sur chaque face). Asperger de sirop en spray puis rouler dans le sucre, fourrer de compotée de mûres et décorer de shiso cristallisé.

MONTAGE – Déposer une glace shiso puis un rond de pâte au centre. Disposer 2 billes de compotée de mûres dans l'assiette puis une bille sur la pâte sucrée. Pocher la ganache aspérule sur la bille de compotée. Décorer la ganache de pousses de shiso puis placer 3 fines bandes de pâte sur le côté du montage. Décorer l'assiette avec les mûres marinées, le gel de mûre et la feuille d'or. À côté, sur une serviette carrée, déposer 2 beignets décorés de shiso cristallisé. Verser l'eau de shiso dans un verre à pied et ajouter un glaçon.

Mûres sauvages de l'Auxois au shiso, crème onctueuse à l'aspérule odorante, beignets et infusion fraîche — RECETTE PAGES 194/195

La pléchie du Morvan, oseille sauvage et cacao, coulis, sorbet et jeunes pousses, gavotte à la fleur de sel

10 PERSONNES

STREUSEL CACAO
150 g de beurre
150 g de sucre cassonade
1 g de sel
115 g de farine
25 g de cacao en poudre

CRÉMEUX NAMELAKA MILLOT
10 cl de lait entier
5 g de glucose
20 cl de crème
125 g de chocolat Valrhona Millot 74 %
2,5 g de masse gélatine (10 g de gélatine pour 50 g d'eau)

GANACHE CUITE AU FOUR
150 g de crème
56 g de chocolat Valrhona Jivara 40 %
56 g de chocolat Valrhona Millot 74 %
11 g de beurre
1/2 œuf

GAVOTTE CHOCOLAT FLEUR DE SEL
15,6 cl d'eau
1,2 g de sel
14,4 g de beurre
29,2 g de sucre glace
14,4 g de farine
6 g de cacao en poudre
35 g de blanc d'œuf
Fleur de sel

SORBET OSEILLE
28 cl d'eau
28 cl de verjus
100 g de sucre
80 g de glucose atomisé10 g de super neutrose (stabilisateur à sorbet)
250 g d'oseille en feuilles

SAUCE OSEILLE
300 g de sorbet oseille (non turbiné)
3 cl d'huile d'olive
0,5 g de xanthane

STREUSEL CACAO – Tamiser les poudres et mélanger tous les ingrédients au batteur en incorporant le beurre froid en dernier. Cuire à 160 °C pendant 10 minutes, refroidir et émietter.

CRÉMEUX NAMELAKA MILLOT – Faire fondre au bain-marie le chocolat dans un cul-de-poule et ajouter le glucose. Porter le lait à ébullition et ajouter la masse gélatine. Incorporer au chocolat et ajouter la crème froide, mixer légèrement. Laisser cristalliser au frigo une nuit, puis mettre en poche avec douille unie.

GANACHE CUITE AU FOUR – Porter à ébullition la crème, la verser sur les chocolats et mélanger. Ajouter directement le beurre en morceaux. Incorporer l'œuf quand le mélange est froid. Cuire en plaque à rebord 22 minutes à 110 °C, laisser refroidir puis détailler en rectangles de 9 cm x 1,5 cm.

GAVOTTES AU CHOCOLAT ET FLEUR DE SEL – Mélanger tous les ingrédients (sauf la fleur de sel) dans une casserole puis cuire à feu doux. Laisser refroidir et reposer une nuit. Mettre l'appareil en poche et étaler sur des plaques antiadhésives, parsemer de quelques grains de fleur de sel. Cuire à 160 °C pendant 6 minutes.

SORBET À L'OSEILLE – Chauffer l'eau, le verjus et le sucre. Une fois le sirop tiède, ajouter le mélange glucose atomisé et le super neutrose en pluie et mixer. Monter à 84 °C puis débarrasser et refroidir. Peser 750 g de sirop, équeuter l'oseille et mixer avec le mix à glace au Thermomix. Turbiner 200 g de sorbet puis pocher la glace dans des cylindres. Détailler des tronçons de 10 cm.

SAUCE À L'OSEILLE – Monter la base de sorbet oseille à l'huile d'olive et mixer avec une pointe de xanthane pour lier. Conserver à l'abri de la lumière et servir en saucière.

ÉMULSION OSEILLE
300 g de sorbet oseille (non turbiné)
20 g de gélifiant pro espuma
20 g de sucre

GEL À OSEILLE
5 cl d'eau
3,3 cl de verjus
8,5 g de sucre
1,75 g d'agar-agar
2,5 g d'oseille

MONTAGE
Pousses d'oseille sauvage
Poudre d'oseille

ÉMULSION OSEILLE – Mixer l'ensemble à froid puis mettre en siphon avec 2 cartouches de gaz.

GEL À L'OSEILLE – Porter le tout à ébullition, refroidir et mixer avec l'oseille. Conserver en pipette à l'abri de la lumière.

MONTAGE – Déposer au fond de l'assiette la ganache cuite, puis pocher du crémeux namelaka autour. Agrémenter de streusel cacao, puis déposer quelques tuiles de gavotte sur la ganache. Pocher un peu de crémeux au centre du montage, puis déposer le cylindre de sorbet dessus. Déposer à nouveau des tuiles gavottes en superposition afin de représenter la pléchie du Morvan (« comme des branches entrelacées »). Décorer le dessert de pousses d'oseille sauvage et de points de gel à l'oseille. Saupoudrer un peu de poudre d'oseille dans un coin du dessert et ajouter un point d'émulsion oseille. Au moment du service, servir la sauce à l'oseille.

La pléchie du Morvan, oseille sauvage et cacao, coulis, sorbet et jeunes pousses, gavotte à la fleur de sel — RECETTE PAGES 198/199

Poire Williams confite au miel et gingembre du Potager des Bergeries, tuile craquante et lait d'or au curcuma

10 PERSONNES

SORBET POIRE ET GINGEMBRE
500 g de purée de poires Williams
50 g de gingembre frais
112 g de sucre
17,8 cl d'eau
25 g de glucose atomisé
16,5 g de dextrose
1,5 g de super neutrose
2,5 cl de jus de citron

POIRES CONFITES
500 g de poires Williams
19 cl de jus de poire centrifugé
6 cl de jus de gingembre
15 g de miel

PICKLES DE GINGEMBRE
7,5 cl d'eau
37,5 g de sucre
4 cl de vinaigre balsamique blanc
50 g de gingembre frais tranché finement

LAIT D'AMANDE
50 g d'amandes brutes
37,5 cl d'eau

LAIT D'OR
8 cl de lait d'amande
10 g de miel
3 g de gingembre frais râpé
4 g de curcuma frais râpé

SIPHON LAIT D'OR
9 cl de lait d'or
9 g de pro espuma à froid

HUILE DE CURCUMA
25 cl d'huile de pépins de raisin
20 g de curcuma frais tranché

SORBET POIRE ET GINGEMBRE – Faire bouillir l'eau, le jus de citron et le sucre. Y mettre à infuser le gingembre pendant 30 minutes, mixer et filtrer. Ajouter le dextrose et le glucose atomisé mélangé au super neutrose. Mixer si besoin et chauffer à 84 °C. Mélanger à la purée de poires et mixer. Passer en turbine puis étendre en ½ bac gastro (plaque à rebords).

POIRES CONFITES – Éplucher les poires, les tailler en lamelles de 1 cm d'épaisseur et découper des calissons à l'aide d'un emporte-pièce. Cuire les calissons de poire dans un mélange des jus et de miel sous vide en four vapeur à 98 °C pendant 5 minutes. Refroidir rapidement en glace les poches après cuisson.

PICKLES DE GINGEMBRE – Faire bouillir l'eau, le sucre et le vinaigre balsamique blanc. Verser sur le gingembre et laisser refroidir à température ambiante.

LAIT D'AMANDE – Laisser tremper les amandes dans l'eau pendant 8 heures minimum au réfrigérateur. Mixer au Thermomix et filtrer au Tork (papier d'essuyage résistant).

LAIT D'OR – Faire chauffer le lait d'amande avec le miel. Y faire infuser le gingembre et le curcuma pendant 30 minutes. Filtrer.

SIPHON LAIT D'OR – Mixer l'ensemble à froid. Mettre en siphon et gazer à 2 cartouches.

HUILE DE CURCUMA – Faire cuire l'huile de pépins de raisin et le curcuma frais sous vide au four vapeur à 75 °C pendant au moins 7 heures.

TUILE CURCUMA

- 50 g de beurre
- 50 g de sucre glace
- 50 g de farine de sarrasin
- 50 g de blancs d'œufs
- 2 g de curcuma en poudre

SAUCE ACIDULÉE

- 10 cl de jus de cuisson des poires au gingembre
- 1,5 cl de jus de pickles
- Huile de curcuma

MONTAGE

- Fleurs séchées
- Curcuma en poudre

TUILES AU CURCUMA – Fouetter dans un batteur à feuille le beurre et le sucre glace jusqu'à ce que le mélange devienne mousseux. Ajouter les blancs d'œufs, la farine et le curcuma. Pocher dans des moules en forme de feuilles et cuire à 150 °C pendant 5 minutes environ. Sortir les feuilles puis les déposer dans la gouttière.

SAUCE ACIDULÉE – Servir en cassolette avec l'huile de curcuma au dernier moment.

MONTAGE – Lustrer 8 calissons de poire à l'huile de curcuma. Décorer de fleurs séchées et les disposer en rosace au centre de l'assiette. Réaliser des boules de glace roulées au moment du service puis en déposer au centre des poires. Décorer le sorbet d'une tuile curcuma. Servir en bol l'émulsion de lait d'or puis saupoudrer de curcuma en poudre. Verser la sauce acidulée au moment du service autour des poires.

Poire Williams confite au miel et gingembre du Potager des Bergeries, tuile craquante et lait d'or au curcuma — RECETTE PAGES 202/203

Volute d'agrumes meringuée à la main de Bouddha, crémeux calamansi et vinaigrette au citron noir

10 PERSONNES

BLANCS VAPEUR
150 g de blancs d'œufs
30 g d'anis de Flavigny en poudre
30 g de sucre

GLACE À LA MAIN DE BOUDDHA
57,5 cl de lait
6,9 cl de crème
30 g de poudre de lait
18 g de sucre inverti (Trimoline)
65 g de sucre
3 g de stab 2000
2,25 cl de jus de citron jaune
300 g de main de Bouddha fraîche

BISCUIT MADELEINE
125 g d'œufs
80 g de sucre
125 g de farine
5 g de levure chimique
1 g de sel fin
112 g de beurre
1 citron vert en zestes

CRÉMEUX CALAMANSI
62,5 g de purée de calamansis
62,5 g de sucre
75 g d'œufs
6,5 g d'amidon de maïs
50 g de beurre
7,5 g de masse gélatine

SIROP DE CONFISAGE À LA MAIN DE BOUDDHA
1 l d'eau
500 g de sucre
8 cl de jus de citron jaune
1 main de Bouddha

VINAIGRETTE
5 cl d'huile d'olive
1 g de sel
10 g de sucre
25 cl de jus de citron
1 cl de vinaigre de calamansi
7,5 g de poudre de citron noir

MONTAGE
Pousses de mélisse
Gel citron
Zestes de bergamote et de yuzu confits
Fleurs comestibles

BLANCS VAPEUR – Laisser dissoudre l'anis en poudre dans les blancs d'œufs, filtrer. Monter les blancs et le sucre, étaler sur plaque et lisser la hauteur avec des règles à 2 cm. Cuire au four vapeur à 70 °C pendant 7 minutes. Détailler à l'emporte-pièce cannelé de 75 mm et à l'intérieur à 4 cm.

GLACE À LA MAIN DE BOUDDHA – Chauffer le lait, la crème, le sucre inverti et la poudre de lait. Incorporer le stab 2000 mélangé au sucre dans le sirop tiède et mixer. Monter à 84 °C. Incorporer le jus de citron et les morceaux de main de Bouddha. Mixer.

BISCUIT MADELEINE – Blanchir les œufs et le sucre avec la feuille, ajouter les poudres. Finir par le beurre fondu froid et les zestes de citron. Étaler en plaque sur une toile de cuisson (silplat taille GN1), cuire à 160 °C pendant 6 minutes. Détailler en disques de 4 cm de diamètre.

CRÉMEUX CALAMANSI – Chauffer la purée, le sucre, l'amidon et les œufs au bain-marie jusqu'à 83 °C, ajouter le beurre et la masse gélatine puis mixer. Refroidir et utiliser en poche.

SIROP DE CONFISAGE MAIN DE BOUDDHA – Tailler les mains de Bouddha à la trancheuse en tranches fines. Réaliser un sirop avec l'eau, le sucre et le jus de citron, faire bouillir puis débarrasser, mettre les mains de Bouddha dans le sirop tiède et laisser refroidir. Mettre sous vide pour rendre les tranches de mains de Bouddha translucides.

VINAIGRETTE – Mélanger tous les ingrédients et mettre en saucière.

MONTAGE – Déposer le blanc vaporeux au centre de l'assiette, insérer le disque de madeleine au centre, pocher dessus le crémeux calamansi, des morceaux d'agrumes confits puis une boule de glace calamansi. Décorer de feuilles de main de Bouddha, de gel citron, de fleurs et de pousses. Au moment du service, verser la vinaigrette sur le pourtour du dessert.

La betterave, pétales confits, crémeux de graine de berge et fleur d'hibiscus

10 PERSONNES

CRÉMEUX GRAINES DE BERCE
25 cl de lait
25 cl de crème
2 g de graines de berce
50 g de jaunes d'œufs
60 g de sucre
125 g de chocolat blanc
80 g de masse gélatine

SORBET À LA BETTERAVE
375 g de purée de betteraves
10 cl d'eau
10 g d'hibiscus séché
108 g de sucre
1 zeste d'orange
0,65 cl de vinaigre de framboise

JUS DE BETTERAVE
30 cl de jus de betterave
10 g de sucre
1 zeste d'orange

BETTERAVES CONFITES
2 betteraves rouges
Jus de betterave

SAUCE BETTERAVE
20 cl de jus de betterave
9 cl de verjus
1 g de xanthane

GEL HIBISCUS
10 cl d'eau
15 g d'hibiscus
6,5 cl de verjus
16 g de sucre
3 g d'agar-agar

CRÉMEUX GRAINES DE BERCE – Faire chauffer le lait et la crème. Ajouter les graines de berce, mixer, filtrer aussitôt. Blanchir les jaunes et le sucre, réaliser une crème anglaise avec le lait et la crème. Ajouter la gélatine et verser le tout sur le chocolat blanc. Mixer et verser dans des moules en forme de gouttes. Congeler et démouler.

SORBET À LA BETTERAVE – Faire cuire 2 betteraves entières au four pendant 3 heures à 180 °C. Récupérer la chair et mixer. Garder 375 g de purée de betteraves. Réaliser une infusion avec l'hibiscus et le zeste d'orange dans l'eau pendant 15 minutes. Filtrer et ajouter le sucre. Mixer avec la purée de betteraves et verser le vinaigre de framboise. Turbiner le tout et mettre dans un bac pour réaliser une glace roulée.

JUS DE BETTERAVE – Porter à ébullition le tout et passer au chinois. Faire refroidir.

BETTERAVES CONFITES – Découper les betteraves à la dérouleuse à légumes afin d'obtenir des bandes. Les faire cuire sous vide avec le jus de betterave au four vapeur à 98 °C pendant 30 minutes. Laisser refroidir après cuisson. Puis détailler en rectangles et en forme de gouttes. Faire réduire en purée les chutes.

SAUCE BETTERAVE – Mélanger les ingrédients, mixer la sauce et la stocker au frais.

GEL HIBISCUS – Faire infuser l'hibiscus dans l'eau pendant 10 minutes. Filtrer, ajouter le verjus, le sucre et l'agar-agar et faire cuire pendant 1 minute. Laisser refroidir, mixer et stocker en poche.

SABLÉS HIBISCUS
60 g de beurre
100 g de farine de riz
1 g de sel fin
20 g d'œufs
37,5 g de sucre glace
12,5 g de poudre d'amande
2,5 g de poudre d'hibiscus

TUILE FLEUR
25 g de beurre
25 g de sucre
25 g de farine sarrasin
25 g de blancs d'œufs
5 g de poudre d'hibiscus

MONTAGE
Poudre d'hibiscus
Fleurs

SABLÉS HIBISCUS – Faire blanchir le beurre et la farine. Incorporer les œufs et le reste des poudres. Étaler à 2 mm et laisser refroidir. Détailler la pâte en forme de gouttes et de ronds cannelés à 35 mm. Les faire cuire entre 2 silpains à 160 °C pendant 8 minutes.

TUILES FLEUR – Réaliser un appareil à tuile cigarette. Battre les blancs d'œufs avec le sucre. Incorporer la farine et le beurre fondu. Coucher sur le moule fleur et cuire pendant 5 minutes à 150 °C. Saupoudrer de poudre d'hibiscus.

MONTAGE – Garnir 3 crémeux aux graines de berce de purée de betteraves confites et de gel hibiscus. Entourer les crémeux d'une fine lanière de betterave confite. Empiler 5 couches de betteraves confites en forme de gouttes, les lustrer avec le gel hibiscus et former une fleur. Répéter 3 fois. Poser chaque crémeux berce sur un sablé hibiscus et les disposer dans l'assiette. Décorer de fleurs, intercaler les crémeux avec les fleurs de betterave confites. Poser à la gauche des pétales un sablé hibiscus et un sorbet betterave. Décorer de la tuile fleur. Déposer de la poudre d'hibiscus dans un coin de l'assiette. Servir au moment devant le client la sauce betterave au centre de l'assiette et dans un verre de dégustation.

La betterave, pétales confits, crémeux de graine de berge et fleur d'hibiscus — RECETTE PAGES 208/209

Velours de chocolat signature, mousse légère, biscuit et praliné au sarrasin torréfié

20 PERSONNES

BISCUIT MADELEINE SARRASIN
125 g d'œufs
80 g de sucre
125 g de farine de sarrasin torréfiée
5 g de levure chimique
1 g de sel fin
112 g de beurre

GANACHE CUITE
37,5 cl de crème
140 g de chocolat Bernard Loiseau à 69 %
140 g de chocolat Valrhona Jivara au lait à 40 %
27,5 g de beurre
62,5 g d'œufs

MOUSSE AU CHOCOLAT
12,5 cl de lait entier
25 cl de crème montée
145 g de chocolat Bernard Loiseau à 69 %

FLOCAGE NOIR BERNARD LOISEAU
150 g de beurre de cacao
150 g de chocolat Bernard Loiseau à 69 %

MOUSSE DE LAIT
20 cl de lait entier
20 g de praliné sarrasin
5 g de sucre glace
15 g de pro-espuma à froid

STREUSEL CACAO
150 g de beurre
150 g de sucre cassonade
1 g de sel
115 g de farine de sarrasin torréfiée
25 g de cacao en poudre
Scintillant or

BISCUIT MADELEINE SARRASIN – Blanchir les œufs et le sucre, ajouter les poudres, finir par le beurre fondu tiède. Cuire sur papier silpat en ½ plaque à rebord GN1 à 160 °C pendant 5-6 minutes. Tailler des bandes de 1 cm sur 10 cm de long.

GANACHE CUITE – Faire chauffer la crème à 85 °C, la verser sur le chocolat et le beurre et mixer. Attendre que le mélange refroidisse et ajouter les œufs. Cuire en 1/2 plaque à rebord GN1 sur papier silpat pendant 15 minutes à 110 °C à four sec. À froid, couper des bandes de 0,8 cm sur 10 cm de long.

MOUSSE AU CHOCOLAT – Faire chauffer le lait et le verser sur le chocolat en mélangeant pour créer une émulsion. Ajouter la crème montée mousseuse. Coller une fine bande de biscuit madeleine avec une bande de ganache cuite, puis faire prendre au surgélateur. Pocher de la mousse au chocolat à moitié dans un tube de papier guitare de 10 cm, puis ajouter l'insert surgelé. Lisser et rectifier les côtés avec la mousse puis les congeler. Démouler les tubes et les floquer encore congelés pour l'effet velours.

FLOCAGE NOIR BERNARD LOISEAU – Faire fondre le beurre de cacao et le chocolat puis floquer les tubes de montage chocolat.

MOUSSE DE LAIT – Mixer l'ensemble des ingrédients. Passer au chinois et mettre en siphon avec 2 cartouches de gaz.

STREUSEL CACAO – Mélanger tous les ingrédients au batteur à la feuille puis émietter en plaque. Cuire à 150 °C pendant 10 minutes. Laisser refroidir avant d'incorporer une pointe de scintillant or.

PRALINÉ SARRASIN
100 g d'amandes
100 g de sarrasin torréfié
130 g de sucre
2 cl d'eau
1 g de sel fin

GEL DE FÈVES DE CACAO
10 cl d'eau
7,2 cl de verjus
17 g de sucre
3,5 g d'agar-agar
10 g de fèves de cacao crues broyées
Scintillant or

INFUSION D'ÉCORCES
20 cl d'eau
5 g d'écorces de fèves de cacao crues

DÉCORS CHOCOLAT
200 g de chocolat Bernard Loiseau à 69 %
20 g de cacao en poudre

SAUCE CHOCOLAT
12,5 cl de lait
125 g de crème
100 g de chocolat
10 g de pâte de cacao

PRALINÉ SARRASIN – Faire torréfier les amandes pendant 15 minutes à 150 °C. Monter le sirop à 116 °C puis ajouter les amandes torréfiées tièdes. Faire cristalliser le sucre autour des amandes (masser) puis caraméliser à feu doux. Ajouter le sarrasin et le sel, étaler sur plaque, faire refroidir avant de mixer finement.

GEL DE FÈVES DE CACAO – Porter le mélange à base d'eau, de verjus, de sucre et d'agar-agar à ébullition. Laisser refroidir. À froid, mixer le gel avec les fèves de cacao et 1 pointe de couteau de scintillant or. Passer au chinois et stocker en poche à douille sans douille.

INFUSION D'ÉCORCES – Faire infuser les écorces de fèves de cacao dans l'eau bouillante pendant 10 minutes. Filtrer et mettre en théière. Servir en fin de dégustation du dessert.

DÉCORS AU CHOCOLAT – Réaliser des fins décors au chocolat en tubes et des fils de chocolat. Poudrer le tout de cacao.

SAUCE AU CHOCOLAT – Faire chauffer l'ensemble des ingrédients dans une casserole. Mixer le tout.

MONTAGE – Étaler une fine couche de praliné en bande sur le fond de l'assiette et déposer le streusel émietté finement dessus. Déposer un décor chocolat en tube puis coller au milieu un tube velours, décorer de fils de chocolat et de gel de fèves de cacao. Servir avec la mousse de lait noisette et la sauce chocolat intense, et en accompagnement l'infusion chaude d'écorces de cacao.

Velours de chocolat signature, mousse légère, biscuit et praliné au sarrasin torréfié — RECETTE PAGES 212/213

INDEX RECETTES

ENTRÉES

POISSONS & CRUSTACÉS

VIANDES & VOLAILLES

LÉGUMES

DESSERTS

INDEX PRODUITS

AUTEURS

JEAN-PAUL FRÉTILLET — Auteur et photographe culinaire, petit-fils de paysan, il est diplômé de l'École nationale des ingénieurs agricoles de Dijon. Dès sa sortie de l'école, il change d'orientation et devient journaliste dans un quotidien agroalimentaire, puis, très vite, rédacteur en chef d'un magazine agricole. Il obtient le prix « Graine de talent », puis le Grand Prix du journalisme agricole. Au cours de sa carrière, il travaille à la télévision, écrit des livres, publie des enquêtes de société. À la fin des années 1990, il rencontre Jean-Pierre Coffe et en devient le proche collaborateur, notamment à France Inter, dans l'émission *Ça se bouffe pas, ça se mange*. Il écrit ensuite dans des revues culinaires (*Régal, Bretons en cuisine, Gault & Millau, Cuisine Actuelle, Femme Actuelle*) et réalise des reportages photographiques dans les cuisines des chefs, chez les producteurs, les vignerons, et partout où l'entraîne sa curiosité pour les nourritures.

JONATHAN THÉVENET — Formé à la photographie argentique et aux techniques de tirage noir et blanc au sein de l'atelier Magenta, à Villeurbanne et dirigé par Dominique Sudre, il forge grâce à cette approche sensible et exigeante de l'image une base rigoureuse. Il se consacre pleinement à la photographie culinaire, un domaine qui lui permet de réunir deux passions : l'esthétique de la gastronomie et la recherche photographique artistique. Ses nombreux voyages en Asie influencent ses références visuelles et gustatives. En parallèle de ses commandes, il développe un travail personnel plus expérimental. En 2012, il fonde Cherrystone, un studio de photographie culinaire basé à Lyon. Pensé comme un espace de création sur mesure, le studio accompagne chefs, artisans, marques et agences. En 2021, il reçoit aux côtés du styliste culinaire François Vermeere-Merle le grand prix des Ambassadeurs du produit et le grand prix du Festival international de la photographie culinaire pour la série « Anatomie d'un sentiment ». En 2023, il remporte à nouveau le grand prix du Festival international de la photographie culinaire grâce à la série « Du grain et du pain ».

PHILIPPE LABRO — Le journaliste, homme de médias, présentateur audiovisuel, écrivain, réalisateur, scénariste et parolier français a tenu à signer le texte introductif dans lequel il aime rappeler sa proximité de Bernard et Dominique Loiseau, son amour immodéré pour l'accueil et la cuisine prodigués au *Relais Bernard Loiseau*.

LES ÉDITIONS GLÉNAT REMERCIENT CHALEUREUSEMENT

BÉRANGÈRE, BLANCHE ET DOMINIQUE LOISEAU qui accueillent avec tant d'élégance et de générosité dans leur *Relais Bernard Loiseau*. À chaque saison, elles réussissent à garder l'âme de cette maison de famille historique, à multiplier les attentions qui font de chaque séjour ici un moment de gourmandise et de retrouvailles authentiques.

LOUIS-PHILIPPE ET LUCILE VIGILANT, respectivement chef des cuisines et cheffe pâtissière du *Relais Bernard Loiseau*, pour le temps qu'ils ont su consacrer à la rédaction des recettes comme au reportage photographique

PASCAL ABERNOT, directeur du *Relais Bernard Loiseau*, toujours en quête d'excellence et aux petits soins avec ses nombreux et fidèles clients

ÉRIC GOETTELMANN, Meilleur ouvrier de France 2019 en sommellerie et chef sommelier du *Relais Bernard Loiseau* qui nous a ouvert les caves et si bien narré les prestigieuses dégustations qui ont participé au succès de l'établissement

TOUS LES COLLABORATEURS DU *RELAIS BERNARD LOISEAU* si soucieux de nous apporter le meilleur accueil lors de chacun des séjours sur place

PATRICK BERTRON qui a su nous faire revivre ses années passées à Saulieu en tant que second de Bernard Loiseau et de chef des cuisines après le départ de Bernard

GUY SAVOY, premier chef à être élu à l'Académie des beaux-arts, éternel ami de Bernard et Dominique Loiseau, fervent défenseur du *Relais Bernard Loiseau*, si bien inspiré pour défendre ici l'excellence de l'art de vivre à la française

BERNARD LOISEAU ®

LE RELAIS BERNARD LOISEAU

Relais & Châteaux***,**
le Restaurant La Côte d'Or**
et le SPA Loiseau des Sens
2, avenue Bernard Loiseau 21210 Saulieu
+33 (0)3 80 90 53 53
contact@bernard-loiseau.com

LA TOUR D'AUXOIS

Hôtel de charme***
et Bistrot Loiseau du Morvan
Avenue Bernard Loiseau 21210 Saulieu
+33 (0)3 80 64 36 19
info@tourdauxois.com

—

LOISEAU DES VIGNES

Bistrot chic à Beaune
31, rue Maufoux 21200 Beaune
+ 33 (0)3 80 24 12 06
loiseaudesvignes@bernard-loiseau.com

—

LOISEAU DES DUCS

Restaurant une étoile Michelin
3, rue Vauban 21000 Dijon
+33 (0)3 80 30 28 09
loiseaudesducs@bernard-loiseau.com

LOISEAU DU TEMPS

Brasserie franc-comtoise
Place de la Révolution
25000 Besançon
+33 (0)3 81 48 64 05
loiseaudutemps@bernard-loiseau.com

—

LOISEAU DE LORRAINE

Sublimer le terroir de Lorraine
16, place de Chambre 57000 Metz
+ 33 (0)3 80 90 53 53
contact@bernard-loiseau.com

—

LOISEAU DE FRANCE

Une ambassade des terroirs de France
15 Ichigayafunagawaramachi, Shinjuku City,
Tokyo 162-0826, Japon
Info@ldf-tokyo.jp

et les autres maisons à venir...

WWW.BERNARD-LOISEAU.COM